Ingrid Melzer
Strahlen der Sonne
Gedichte, Lieder und Geschichten
für kleine und große Leute

Frau Haumroth
viel Glück

Ingrid Melzer

D1662583

Ingrid Melzer

Strahlen der Sonne

Gedichte, Lieder, Geschichten
für kleine und große Leute

edition fischer
im
R. G. Fischer Verlag

Die Deutsche Bibliothek – CIP-Einheitsaufnahme

Melzer, Ingrid:
Strahlen der Sonne : Gedichte, Lieder, Geschichten für
kleine und grosse Leute / Ingrid Melzer. – Frankfurt
(Main) : R. G. Fischer, 1993
   (Edition Fischer)
   ISBN 3-89406-858-2

© 1993 by R. G. Fischer Verlag
Kruppstraße 100-102, D-60388 Frankfurt/Main
Alle Rechte vorbehalten
Satz: W. Niederland, Frankfurt/Main
Schriftart: New Century 11˙ normal
Herstellung: Druckerei Ernst Grässer, Karlsruhe
Printed in Germany
ISBN 3-89406-858-2

Sehnsucht nach dem Frühling

O lieber Frühling, wo bist du?
Sag, wo hast du dich versteckt?
Haben wir mit unserem Sehnen
dich denn noch nicht aufgeweckt?

Wo bleiben deine Blumenkinder?
Wo der Vögel lieblicher Gesang?
Noch keine Knospe sprießt am Baum,
o Frühling, noch bleibst du ein Traum.

Keiner kann säen in seinem Garten,
wie lange läßt du uns noch warten?
Auch der Teich ist zugefroren,
wir bekommen kalte Nasen, Ohren.

An den bespritzten Fensterscheiben
drücken wir oft uns die Nasen platt,
halten Ausschau nach dir, Frühling,
jetzt haben wir den Winter satt.

Lieber Frühling, vielleicht liest du das Gedicht
und zeigst uns dann dein freundliches Gesicht.
Erfreue uns mit Blumen, Blüten, Lieder,
lieber Frühling, komm bitte bald wieder!

Frühling

Wenn die Sonne wärmt die Erde wieder,
hört man Vogelgesang und Frühlingslieder,
wenn dünne Zweige strahlen im Sonnenlicht,
das erste Grün aus allen Knospen bricht.

Wenn blauer Himmel und süßer Blumenduft,
der Kuckuck vor Freude sein Liedchen ruft,
wenn vorbei ist, Dunkel, Eis und Schnee,
wie verzaubert alles von einer guten Fee.

Wenn die Natur wieder zum Leben erwacht,
Menschen und Tiere so glücklich macht,
wenn auch in dein Herz kehrt Freude ein,
dann wird es wieder Frühling sein.

Der alte Weidenbaum

Es war Ende März, und bald würde der Frühling die Herzen der Menschen erfreuen. Die Sonne versteckte sich hinter der Wolkendecke, nur manchmal schickte sie einen Sonnenstrahl hindurch.

Mitten auf der großen Wiese stand ein alter Weidenbaum. Grimmig schaute er vor sich hin, denn kein Zweiglein rührte sich. Er war in großer »Trauer« denn keine niedlichen Weidenkätzchen zierten ihn. Er sollte schon lange gefällt werden. Traurig blickte er nun auf die anderen jungen Bäume, sie trugen Knospen, und die ersten zarten weißen und rosa Blüten wurden sichtbar. Wie schön sie doch aussahen!

Jetzt schickte die Sonne einen scharfen Strahl und streifte damit seine Äste. Sie blieben ohne Rührung. Ein Vogelpaar kam geflogen und setzte sich auf einen Ast. Froh schmetterten sie ein Liedchen in den Tag hinein. »Tirili, tirili«, sang das Finklein und schnäbelte mit seinem Weibchen. »Weidenbaum, warum machst du so ein betrübtes Gesicht? Schau, wir singen dir ein Frühlingslied, freu dich doch.«

»Ich bin schon alt und traurig, möchte Knospen und meine lieben kleinen Kätzchen haben«, rauschte der Baum.

»Wir besuchen dich immer, alter Weidenbaum, dann bist du nicht alleine«, zwitscherte das Finklein. Es folgte eine letzte Arie, dann flogen die Finken davon. Schmetterlinge umkreisten jetzt die Weide und spielten Haschen. Eine Träne lief den Baumstamm hinunter.

Ein Hase kam gehoppelt. Er blieb unter dem Weidenbaum sitzen. Meister Lampe machte Männchen, dann putzte er sich mit seiner Pfote. Das Tier stellte sich auf die Hinterbeine und beäugelte den Weidenbaum. Er gefiel ihm. Das Häschen nagte an der Rinde des Baumstammes. Das wurde dem Weidenbaum zuviel. Was fiel dem Hasen ein? Nun schmückten ihn schon seine Kätzchen nicht mehr, und nun knabberte auch noch so ein kleiner frecher Hase an seiner Rinde. Die alte Weide wurde böse. Der Baum rauschte so laut, daß das Häslein ängstlich wurde und erschrak. Es hoppelte ganz schnell über die Wiese, um sich ein anderes Plätzchen zu suchen, wo man ihn gerne aufnahm.

Jetzt kam eine Kinderschar daher. Die Mädchen trugen Kränzchen auf dem Kopf. Sie sangen und waren vergnügt. Ein Mädchen hielt einen roten Luftballon in der Hand.

»Kommt, wir tanzen um den Weidenbaum!« rief ein Kind. Die Kinder faßten sich an den Händen und tanzten um die Weide. Ihr fröhlicher Gesang klang sehr schön. Selbst die Sonne freute sich und kitzelte den Weidenbaum mit ihren Strahlen an den Zweigen.

Der alte Baum machte schon ein freundlicheres Gesicht. Da passierte es. Der rote Luftballon mit dem blauen Band entglitt dem Mädchen, und schwebte in der Luft.

»Mein Luftballon, mein schöner Luftballon«, schluchzte das kleine Mädchen mit den niedlichen blonden Rattenschwänzchen im geblümten Kleidchen. Traurig blickte es seinem Ballon nach.

Die blaue Schnur verfing sich im Weidenbaum, und wie ein Weihnachtsstern ragte der rote Luftballon in die Höhe. Das gefiel dem Weidenbaum. Was hatte er da für einen tollen Schmuck, einen lustigen Gesellen, bekommen. Stolz stand er nun da und freute sich so sehr, daß sich seine Äste bewegten. Der Ballon rührte sich nicht. Kerzengerade ragte er von der Baumkrone empor. Jetzt war die alte Weide nicht mehr betrübt und trauerte nicht lange um ihre Kätzchen. Sie trug in den Wipfeln den allerschönsten Schmuck, einen roten Luftballon, und den würde sie nicht mehr hergeben. Die Kinder sangen ein Frühlingslied und der alte Weidenbaum rauschte dazu.

Willkommen, lieber Frühling

Willkommen, lieber Frühling!

Willkommen, lieber Frühling,
nun kehrst du ein ins Land,
das Dunkel ist vorüber,
schenkst der Erde ein neu' Gewand.

Willkommen, lieber Frühling,
Schneeglöckchen, Osterglocken blühn,
die ersten Knospen aufbrechen,
Wald und Wiese werden grün.

Willkommen, lieber Frühling,
du schenkst uns süßen Blumenduft,
lieblich klingt der Vöglein Lied,
im Walde uns der Kuckuck ruft.

Willkommen, lieber Frühling,
die Wandervögel treibt's hinaus,
sie ziehen singend durch die Felder,
da hält es keinen mehr zu Haus.

Willkommen, lieber Frühling,
erfreust der Menschen Herz,
schenkst wieder neues Leben,
vertreibst manch Kummer, Schmerz.

Fasching im Kronberger Kindergarten

Meine Kinder und ich

Lustige Faschingszeit!

Es ist Fassenacht, ihr lieben Leute,
Kreppelduft dringt durch das Haus.
Mutter hat schon rote Wangen,
alles sieht so anders aus.

Mit Pappnas', Maske und Zylinder –
wer hat dahinter sich versteckt?
Ei, es ist der liebe Opa,
deshalb Oma ihn schon neckt.

Luftschlangen und Konfetti
überall, wohin man auch schaut,
und des Bäckers dicker Fritze
hat Mutters Lippenstift geklaut.

»Alaaf, Helau!« ist jetzt die Sprache,
selbst der Kleinste sie versteht,
und ein jeder singend, schunkelnd
durch närrisch geschmückte Straßen geht.

Vergeßt auch ihr die Alltagssorgen,
feiert einmal durch die lange Nacht,
und haut mal feste auf die Pauke,
denn nur einmal im Jahr ist Fassenacht.

Kronberg.

KRONBERG, DU HERRLICHES STÄDTCHEN IM TAUNUS

1. Kron-berg, du herr-li-ches Städt-chen im Tau-nus,
2. Kron-berg, Heil-quel--len Ge-sund-heit euch schen-ken,

1. Kron-berg, du Ort, wo ich zu Hau-se bin.
2. dort wo, das Schloß ver-träumt am Wal-de liegt,

1. Alt-kö-nig, Feld-berg bet-ten dich ein,
2. man-che Ho-heit wohn-te schon dort,

1. liegst in der Nä-he von Frank-furt am Main.
2. lieb-te dich Kron-berg, du herr-lich-er Ort,

1. Tau-nus-städt-chen, wie bist du so fein.
2. Tau-nus-städt-chen, da möcht ich nicht fort.

3. Kronberg, die Burg majestätisch am Hange liegt,
   sie euch, ja schon aus der Ferne grüßt.
   Wanderer kommen, finden hier Ruh,
   und selbst die Sonne lacht freundlich dir zu.
   Taunusstädtchen, wie schön bist doch du!

4. Kronberg, bin ich auch einmal sehr fern von dir,
   weißt ja, ich komme gern zu dir zurück.
   Nicht Südsee, Alpen, Schwarzwald, Tirol,
   in unserm Städtchen, da fühlt man sich wohl.
   Kommt auch nach Kronberg, dort fühlt ihr euch wohl.

(Text u.Melodie v. Ingrid Melzer)

Kronberg, du herrliches Städtchen

Peterle – die Geschichte eines Wellensittichs

Behutsam öffnete ich den kleinen Karton, in dem es zaghaft piepste. Ein kleiner blauer Wellensittich entschlüpfte dem Kästchen und hüpfte auf den Boden des Vogelbauers, seiner neuen Behausung. Er beäugelte mich noch etwas kritisch. Meinen neuen Hausgenossen taufte ich Peterle.

Zuerst saß der kleine Kerl noch still auf der Stange und dem Käfigboden, wollte nicht fressen, obwohl Hirsekolben und Futternäpfchen zum ersten Schmaus einluden.

Nach einigen Tagen hatte sich mein Peterle an die neue Umgebung gewöhnt. Er fraß tüchtig, machte seine ersten Kunststückchen auf der Leiter und schlug übermütige Purzelbäume auf seiner Schaukel. Einmal war Peterles Köpfchen zwischen den Gitterstäben eingeklemmt, weil er versuchte hatte, in die Freiheit zu fliegen. Ich hatte meine Mühe, ohne ihn zu verletzen, aus dem Gefängnis zu befreien.

Mein Vogelkind wurde immer übermütiger. Peterle baute seine Leiter und die Schaukel ab, schob die Gegenstände hin und her, gerade wie es ihm gefiel. Seine Waghalsigkeit und Unternehmungslust überraschten mich immer wieder. So zerpflückte der Schlingel den Blumenstrauß mit den Silbertalern und pickte an Blumen und Pflanzen. Da ich schimpfte, schimpfte mein Piepmatz lautstark zurück. Stellte ich den Blumenstrauß in eine andere Ecke, flog er schimpfend hinterher und landete dann inmitten der herrlichen Blumenpracht. Vom Strauß blieb da oft nicht viel übrig. Aber konnte man ihm böse sein?

Ich hatte Besuch. Der Tisch war im Zimmer gedeckt für das Mittagsmahl. Schüsseln standen auf dem

Tisch mit Sauerkraut und Kartoffelbrei. Peterle wollte nicht in seinen Käfig, so ließen wir ihn umherfliegen. Als wir ins Zimmer traten, trauten wir unseren Augen nicht, begannen zu schimpfen und mußten dann doch schallend lachen. Das übermütige Vogeltier saß in der Schüssel und ließ das Sauerkraut auf den Tisch mit der geblümten Tischdecke fallen. Na, fein und einladend sah das nicht aus. Ich schnappte meinen Helden, obwohl er pickte, und beförderte ihn in seine »Wohnung«, was ihm natürlich mißfiel.

Peterle liebte Musik, besonders helle Kinderstimmen, da jubilierte er in den höchsten Tönen mit. Mein kleiner Freund bekam von mir allabendlich ein Schlummerliedchen gesungen. Dicht rückte Peterle an die Gitterstäbe, und ich mußte ihm dann sein Bäuchlein kraulen. Das mochte er gern, und ich bekam viele Küßchen auf meinen Finger.

Als Peterle eines Abends sein Schlafliedchen auf einer Schallplatte hörte, flog er sogleich zum Plattenspieler, landete doch tatsächlich direkt auf der Schallplatte. Ein schleifendes Geräusch wurde vernehmbar. Erschrocken flog er in seinen Käfig zurück. Dann zwitscherte er mit dem Sängerknaben auf der Schallplatte im Duett.

Später sagte Peterle zu seinem Spiegelbild: »Blümlein schlafen. Sandmännchen kommt. Schlaf schön, Peterle.« Ich war gerührt. Mein Wellensittich erlernte schnell das Sprechen, und ich staunte über mein »Plappermäulchen«.

Ich hatte so starke Kopfschmerzen, daß mir die Tränen kamen. Peterle, der auf meiner Schulter thronte, blickte mich erstaunt an. Er drückte sein Körperchen fest an meine Wange, dann leckte er mir die Tränen fort. Er war so rührend, daß mir nun erneut die Tränen kamen, aber jetzt vor Ergriffenheit.

Beim Fernsehen saß mein Piepmatz oft auf meiner Schulter. Er schaute auf die Bildfläche, erzählte und ich bekam heiße und schmatzende »Küßchen« auf die Wange mit einer Liebeserklärung: »Hm, ich liebe dich. Ach, ist das schön. Süßer, süßer Vogel. Peterle, mein Schatz!« Kann man da ernst bleiben?

Mein kleiner Wellensittich verfolgte mich auf Schritt und Tritt. Bald saß er auf der Wohnzimmertür, wartete, bis ich wieder erschien, um dann auf meinem Kopf durchs Zimmer zu spazieren.

Saß ich am Klavier, stolzierte der liebe Vogel munter auf den Klaviertasten umher und blieb auch während meines Spiels seelenruhig auf den Tasten oder meiner Hand sitzen. Das gab dann ein »herrliches« Geklimper, da ich erneut beginnen mußte, weil das liebe Vogeltier mir ständig in die Quere beziehungsweise zwischen die Finger geriet.

Peterle saß auf dem Telefonhörer und redete in die Hörermuschel, zur Erheiterung meines Gesprächspartners. Auch der Telefonhörer wurde schon von ihm ausgehängt, wobei er sich sehr anstrengen mußte. Dann spielte er mit seinem Schnabel an der Wählerscheibe herum. So kam es tatsächlich, daß mein lieber Vogel eine Kronberger Nummer anwählte. Der Teilnehmer staunte nicht schlecht, als ich ihm zu verstehen gab, daß er mit einem Vogel telefoniert hatte. Da mußten wir beide herzlich lachen. Es blieb nicht bei dem einen Mal, und so konnten sich auch die Hausbewohner daran erheitern.

Aber bald entdeckte der Schlingel neue interessante Gegenstände für seine Späßchen. Wenn ich die Zeitung eingehend studierte, saß Peterle auf den Blattseiten und knabberte sie frech rundum an. Tischdecke und Fußboden sahen dann entsprechend aus.

Machte ich meine Gymnastik, turnte Peterle auf seine Art auf mir herum. Oft landete er auf meinen großen Zehen, der Strumpf wurde angeknabbert, oder mein Zeh bekam einen dicken Vogelkuß mit der Bemerkung:»Hm, ich liebe dich! Süßer Vogel! Schönes Peterle!«

Als ich einen Zwirnsfaden einfädeln wollte, kam mein Vogel sofort angeflogen und balancierte zu meinem Erstaunen auf dem roten Faden entlang und machte in der Mitte Purzelbäume. Ich staunte nicht schlecht und schmunzelte.

Meine Besucher waren immer überrascht über Peterles großen und vielseitigen Redeschwall, seine drolligen Einfälle: So landete er bei ihnen auf dem Kopf oder zwickte sie ins Ohr.

Wenn es dunkel wurde und ich die Lampe anmachte, saß mein kleiner Wellensittich vor seinem Spiegel und plapperte vor sich hin:»Peterle, Peterle, schöner, schöner Vogel! Schlaf schön! Gute Nacht, Peterle.« Bis er Ruhe gab, dauerte oft sehr lange.

Hielt ich einen Mittagsschlaf auf meinem Sofa, saß Peterle oft auf meinem Kopf, zupfte an meinen Haaren und Ohren. Er saß auf dem Bauch und spazierte meine Beine entlang. Dann blieb der Schlingel auf meinem Kopfkissen sitzen. Mein kleines Schmusetierchen drückte sich gern mit seinem Körperchen fest an meine Wange und gab mir viele heiße Vogelküßchen. Dann endlich ruhten Frauchen und Piepmatz, bis später der große Zirkus von vorne begann.

Einmal hatte ich Peterle aus Versehen im Bücherschrank eingeschlossen und ihn erst später durch sein klägliches Piepsen entdeckt. Mein kleiner Vogel war seinem geliebten Kassettenrecorder nachgeflogen. Piepsend machte er sich dann bemerkbar. Mein kleiner Wellensittich gab mir immer wieder zu verstehen. Der Herr im Hause bin ich, Peterle.

Vogelliedchen für Peterle

Mein bester Freund ist mein kleiner Vogel,
mein kleiner Vogel singt den ganzen Tag für mich,
bin ich mal traurig und habe Sorgen,
ertönt sein fröhlich Lied, dann freu' ich mich.
Ja, ja, mein Vogel, mein kleiner Vogel,
ist und bleibt mein allerbester Schatz,
ja, ja, mein Vogel, mein kleiner Vogel,
findet in meinem Herzen immer einen Platz.

Mein bester Freund ist mein kleiner Vogel,
mit seinen klugen Äuglein schaut er lieb mich an,
wir singen um die Wette, oft im Duette,
wer uns hört, hat auch seine Freude dran.
Bin ich mal einsam, mein kleiner Vogel,
dann läßt du mich auch nicht im Stich,
du schenkst mir Freude in meinem Leben,
kleiner Vogel, ich hab' dich, und du hast mich.

Peterle, die Geschichte eines Wellensittichs

Die ungleichen Freunde

Hansi, mein Wellensittich, saß auf seiner Stange und hüpfte lebhaft hin und her. Zwischendurch ertönte sein Freudengezwitscher. Als ich meinen kleinen gefiederten Freund ansprach, zeigte er gleich seine Kunststückchen, und ich mußte ihn natürlich dafür loben. Erneut begann sein lustiges Spiel. Mein Meerschweinchen Niki, das kleine braune, zottelige Tierchen, saß friedlich in seinem Käfig, der in der Ecke beim Fenster stand. Niki knabberte an einer Mohrrübe. Meine beiden Tierkinder machten mir viel Freude.

Als ich einmal von einem Spaziergang zurückkehrte, fiel mein erster Blick auf den Vogelkäfig. Hansi saß nicht wie gewohnt auf seiner Stange. Ich schaute mich im Zimmer nach ihm um. Weder auf dem Bücherschrank, seinem Lieblingsplatz, noch auf dem großen Wandbild, war mein Vogel zu entdecken. Nun war ich doch besorgt. Solange war ich doch nicht fort. Wo konnte er sein? War er hinter den Schrank gefallen? Jetzt blickte ich zum Käfig meines Meerschweinchens. Ich traute meinen Augen nicht. Sah ich da nicht etwas Gelbliches leuchten? Tatsächlich, als ich näher trat, erblickte ich meinen Ausreißer. Hansi saß auf dem Käfigboden, mein Meerschweinchen daneben. Beide waren damit beschäftigt, an einem Apfelstück zu knabbern. Es war für mich ein drolliger Anblick, der mir die Tränen in die Augen trieb. Ich machte sofort ein Foto davon. Ganz geheuer war mir aber nicht dabei. Ich dachte, mein Niki könnte Hansi etwas antun. Aber es schien, als gefalle ihm der neue Spielgefährte. Schließlich naschte mein Hansi aus Nikis Futternäpfchen einige Körner.

Da konnte ich nun doch nicht zusehen, wer weiß, wie Niki reagieren würde. Ich vertrieb meinen kleinen Freund aus der fremden Behausung, was ihm gar nicht gefiel.

Hansi flog wild schimpfend umher, um danach doch wieder bei Niki im Käfig zu landen. Dann kletterte er keck und munter an den Gitterstangen rauf und runter.

Niki gefiel das. Er tanzte im Kreis herum und versuchte emporzuklettern. Aber der kleine waghalsige Kerl plumpste wieder hinunter. Ich mußte über das Treiben lachen.

Das Spiel der neuen Freunde zog sich bis zum Abend hin. Aber auch Tierkinder benötigen einmal die Ruhe. Hansi weilte wieder in seinem eigenem »Reich«, und mein Niki hatte sich in eine Ecke gekuschelt. Ich stellte die Käfige nun nebeneinander. Hansis Käfig deckte ich mit einem Tuch für die Nachtruhe zu. Mit Gezwitscher wünschte Hansi mir seine »Gute Nacht«. Dann wurde es ruhig.

Hansi verweilte jetzt ausschließlich bei Niki im Käfig, dabei wurde der kecke Piepmatz immer übermütiger. Einmal saß er gar auf Nikis Rücken, der mit ihm durch seinen Käfig lief.

Als Niki in der Küche auf dem Fußboden laufen durfte, verfolgte ihn Hansi im Flug oder spazierte auf dem Fußboden hinterher. Ich hatte meine Not, die beiden nicht zu treten, und setzte mich – sie beobachtend – in eine Ecke.

Einmal schrieb ich gerade an einem Brief und beobachtete zwischendurch meine beiden munteren Gesellen. Die Käfige standen immer noch nebeneinander. Hansis Käfigtür stand offen für einen Ausflug. Er nutzte das sogleich und flog zu seinem neuen Freund. Niki stellte sich auf die Hinterbeinchen und steckte seinen Kopf in das Käfigtürchen von Hansi. Da mußte ich hell auflachen und staunte über das Bild, was sich mir nun bot.

Hansi zwitscherte eine lautstarke Arie und drehte sich wie wild im Kreise. Nun machte Niki einen Sprung und landete auf dem Käfigboden vom Vogelbauer. Jetzt war Hansi doch erschrocken. Er schimpfte kräftig und flog auf seine Schaukel. Von dort blickte er keck auf seinen Freund herab. Niki blickte zu Hansi. Er versuchte nun die Leiter emporzusteigen. Aber dieses Kunststückchen brachte der kecke Bursche nun doch nicht fertig und blieb enttäuscht auf dem Käfigboden sitzen. Nun knabberte mein Meerschweinchen an Hansis Apfelstück, der sogleich von seiner Schaukel herunterflog und ihm Gesellschaft leistete. Nun zogen sie sich gegenseitig das Apfelstück fort. Hansi schimpfte lautstark mit Niki, den das überhaupt nicht störte. Es war kaum zu glauben, ein Meerschweinchen saß im Vogelkäfig.

Ich beförderte Niki wieder in seine Behausung. Aber das gefiel dem Tierchen nicht. Er flitzte in seinem Käfig wie wild hin und her und wollte herausklettern. Hansi schimpfte wohl über sein »böses Frauchen«, das ihm den Spaß verdorben hatte. Aber mir wurde das kecke »Flirten« meiner Tierkinder langsam etwas riskant.

Niki versuchte noch öfter, Hansi im Käfig zu besuchen. Aber auch ein kleines Meerschweinchen wird einmal größer. So gab mein Tierkind seine Besuche bei Hansi bald auf.

Hansi leistete aber seinem Freund jeden Tag Gesellschaft. Sie wurden unzertrennliche Freunde.

Ein Jahr war vergangen. Es war Winter und draußen lag hoher Schnee. Ich kehrte von meiner Arbeit im Kindergarten nach Hause zurück. Ich freute mich auf meine warme Stube und die fröhliche Unterhaltung am Abend mit meinen Tierkindern. Wenn ich sonst die Zimmertür öffnete, tönte mir gewöhnlich fröhliches Vogelgezwitscher entgegen. Aber an diesem Abend erfreute mich keine Begrüßung. Hansi saß wie ein aufgeblasener Luftballon auf seiner Schaukel und blickte traurig vor sich hin. Als ich ihn ansprach reagierte er nicht. Was war inzwischen geschehen?

Da sah ich, warum er so traurig war. Vor Entsetzen kamen mir die Tränen. Unser Freund Niki lag tot in seinem Käfig. Mir schmeckte an diesem Abend kein Essen mehr.

Niki bekam sein Ruheplätzchen unter einem Fliederstrauch in unserem Garten.

Hansi trauerte fast drei Tage. Auch seine geliebten Kinderstimmen von der Schallplatte konnten ihn nicht aufmuntern. Ich machte mir Sorgen. Mein Hansi brauchte einen neuen Freund.

Ich kaufte noch einen Wellensittich. Es war jetzt ein hellblaues, junges Tierchen mit großen lebhaften Augen. Er gefiel mir sofort. Es war »Liebe auf den ersten Blick«. Wimpi, wie ich den kleinen Piepmatz taufte, hielt jetzt Einzug in Hansis Behausung.

Ich setzte mich auf mein Sofa und beobachtete die beiden. Hansi saß auf der Schaukel und führte eine lebhafte Debatte mit seinem Spiegelbild, dabei schielte er zu Wimpi hinunter. Der kleine, neue Vogel saß still auf dem Käfigboden. Als Hansi dann kräftig schimpfte, piepste Wimpi etwas unsicher und hüpfte aufgeregt hin und her.

Mein Hansi spielte mit seinem Spiegel. Da ertönte doch plötzlich aus Hansis Vogelkehle laut und deutlich:»Hansi, Hansi, Hansi Melzer!« Eine kleine Pause entstand. Mein Wellensittichmännchen umarmte mit seinen Flügeln den ganzen Spiegel. Dann folgte ein Redeschwall wie schon lange nicht mehr. »Schöner Vogel! Gutes Tier! Hansi, Hansi Melzer!« Pause.

Dann, zu meiner Rührung, »Niki! Schöner, schöner Niki!«

Ich war überrascht, und es traf mich doch ins Herz. Hansi hatte seinen Freund nicht vergessen. Aber jetzt war ja Wimpi da.

Wimpi wollte fressen, da wurde er gleich von Hansi vertrieben. Das ging nun wirklich nicht, und ich mußte mit meinem Vogelkind Hansi schimpfen, das protestierte und mich in den Finger pickte. Na, das konnte ja wieder mal lustig werden. Hansi verstand meine kräftige Sprache und ließ seinen neuen Mitbewohner fressen. Er flog auf seine Schaukel und zwitscherte seine Arien zur Abendstunde. Ich deckte den Käfig für die Nacht mit einem Tuch zu.

Einige Tage waren vergangen. Wimpi hatte sich eingewöhnt, er fraß tüchtig, piepste und versuchte erste Kunststücke an der Leiter. Purzelbäume machte er auch schon auf der Schaukel, wo Hansi ihn sogleich an seiner langen Schwanzfeder zog.

Eines Abends saßen beide Piepmätze friedlich auf der Stange nebeneinander. Hansi schwatzte lebhaft auf seinen neuen Freund ein, und dann schnäbelte er mit ihm. Er gab ihm die ersten »Küßchen«. Wimpi erwiderte sie mit etwas zaghaftem Gepiepse. Doch dann folgte eine sehr drollige und liebe Geste. Er schmiegte sein Köpfchen eng an Hansi. Hansi kraulte Wimpis Köpfchen, der dabei ganz still hielt. Dann folgten viele heiße »Küßchen«.

Nun wußte ich, Hansi hatte in Wimpi einen neuen Freund gefunden. Meine beiden Tierkinder waren zufrieden.

Kleiner Mann in Not

Der siebenjährige Jan tollte übermütig mit seinem Hund Struppi durch den Wald. Der schwarze Pudel bellte und sprang neben dem Jungen her. Bald schnappte er keck nach der grünen Jacke seines Herrn oder dem Stock, den Jan für seine Wanderschaft mitgenommen hatte. Der Bub schob mit dem Stock die bunten Blätter auseinander und sammelte Kastanien und verstaute sie dann in seinem blauen Rucksäckchen. Er nahm noch einen Apfel heraus und biß herzhaft in die grüne Frucht und schaute auf den Pudel. »Da Struppi, du bekommst auch etwas.« Jan gab dem Hund ein Stück Fleischwurst. Der Pudel sprang freudig bellend an dem Buben hoch und erhaschte den leckeren Happen. Er schnupperte an Jans Rucksack, zog übermütig an der blauen Schnur und wollte mehr Köstlichkeiten haben.

»Ich habe nichts mehr!« wehrte der Bub lachend ab und gab dem Tier einen liebevollen Klaps aufs Hinterteil. Da es sehr heiß war, zog Jan seine Wollweste aus. Die Lederhose klebte am Po. Er setzte sich unter den Kastanienbaum, pfiff ein fröhliches Lied und Struppi lief kläffend um ihn herum.

Ein Rascheln war zu hören. »Ein Eichhörnchen!« rief Jan und sprang hinterher. Der Hund folgte aufgeregt und versuchte, auf den Tannenbaum zu gelangen. Er rutschte ab und blieb mit einem kläglichen Laut auf dem Boden liegen.

»Struppi, mein Struppi! Hast du dir weh getan? rief der Bub erschrocken und streichelte das Tier liebevoll. Jan versuchte den Hund aufzurichten, was nicht gelang. Tränen kullerten ihm die Wangen herunter. Der Bub vergrub seinen Wuschelkopf in Struppis Rückenfell. »Struppi, lieber Struppi!« Jan war ein aufgeweckter Junge. »Ich hol' jemand, der dir helfen kann, Struppi. Sei nicht traurig.« Der Junge lief schluchzend den Waldweg entlang, bis er zu einem Haus kam, das wie ein Turm hinter den Bäumen herausragte. Es war von einem herrlichen Sonnenblumenzaun umgeben. Jan kletterte über den Zaun und näherte sich dem Gebäude. Da die Klingel hoch war, klopfte er fest an die Tür.

Schritte waren zu hören. Ein älterer, bärtiger Mann öffnete und blickte erstaunt auf den verstörten Buben.

»Bitte, helfen Sie meinem kleinen Hund Struppi! Er ist im Wald vom Baum runtergefallen und bewegt sich nicht mehr!«

»Beruhige dich, mein Junge. Ich heiße Doktor Rösch und bin zufällig Tierarzt.« Er holte seine Tasche und folgte dem Bub zum Wald, wo Struppi immer noch unbeweglich lag.

Als das Tier den Jungen bemerkte, gab es klägliche Laute von sich.

»Struppi, lieber Struppi!« Das Kind weinte erneut.

Der Tierarzt untersuchte den Pudel vorsichtig. Als er die linke Pfote berührte, zuckte das Tier zusammen. »Jan, dein Struppi hat sich zum Glück nichts gebrochen, die linke Pfote ist verstaucht, das ist nicht so gefährlich.« Der Arzt reinigte die schwarze Hundepfote mit Öl und wickelte einen Verband herum, und Jan achtete auf jeden Handgriff, den Doktor Rösch tat.

Struppi schaute nach dem Buben und leckte mit seiner heißen Zunge Doktor Röschs Hand. Lächelnd streichelte der Arzt den Hundekopf. »So, Jan, dein kleiner Freund ist verarztet. Er wird bald wieder mit dir um die Wette springen.« Der Doktor öffnete seine Tasche. »Ja, das ist für dich, für deine große Angst, und weil du dich so lieb um deinen Hund gekümmert

hast. Du magst doch sicher Schokolade, Jan. Oder?
»Oh, ja!« strahlte der Bub. »Vielen, vielen Dank,
Herr Doktor, daß Sie mir geholfen haben.« Der Junge
bedankte sich und gab dem Tierarzt die Hand.
    Doktor Rösch nahm den Pudel auf den Arm. »Jan,
es wird bald dunkel. Ich bringe euch nach Hause.
Morgen kommst du mit deinem Struppi nochmal zu
mir in die Praxis, da werde ich mir die Pfote anse-
hen.« »Mach dir jetzt keine Sorgen mehr, Junge, das
ist bald vorbei.« Er strich dem Jungen väterlich über
das dunkle Kraushaar. Dann brachte der Arzt den
überglücklichen Jan und Struppi nach Hause.

Das Regenbogenkind

In dem kleinen Städtchen Finkenstein gab es eigent-
lich nur fröhliche Leute. Es wurde gesungen, getanzt
und viel gelacht. In den Straßen ging es oft bis zum
späten Abend sehr lebhaft zu. Die Leute gingen im
Stadtpark spazieren, und die Kinder sangen fröhliche
Lieder, spielten mit dem Ball oder gingen mit ihrer
Mutter einkaufen.
    Seit drei Wochen aber machte sich eine tiefe Trau-
rigkeit in der Stadt breit, denn es regnete unaufhör-
lich. Glaubte man, die dunklen Wolken hätten sich
verzogen, prasselte eine neue Regenflut hernieder.

Kein Vogel sang, kein Schmetterling flog durch die Lüfte. Die Erde war aufgeweicht. Trostlos sah es aus. Wollte denn der Frühling nicht endlich seinen Einzug halten? Es war doch schon der einundzwanzigste März.

Der zehnjährige Stephan drückte sich an der Fensterscheibe die Nase platt und schaute mißmutig zum Himmel. Regen, nur Regen!

Sein kleines Schwesterchen Susanne malte ein schönes Bild mit bunten Frühlingsblumen, und der Sonne darüber, die beide Kinder herbeisehnten. Susannchen stimmte nun ein Lied an: »Lieber Frühling, komm doch wieder, lieber Frühling, komm doch bald ...« Sie schaute zum Himmel und legte die Malstifte zur Seite. »Stephan, ich mag nicht mehr länger in der Stube sein, das wird mir bald zu langweilig. Komm, wir gehn nach draußen und springen in die Pfützen. Das macht Spaß!« Sie sprang vom Stuhl hoch und sauste in den Flur. Rasch schlüpfte die Kleine in ihren roten Regenmantel und die blauen Gummistiefel. Dann stiefelte die Achtjährige vergnügt durch die Stube. »Los, Stephan, komm endlich!« Das Mädchen zog den älteren Bruder vom Fenster fort. Der Junge machte ein finsteres Gesicht, schlüpfte aber in die Regenkleidung, und dann folgte er seiner Schwester ins Freie.

Susanne sprang übermütig in die Pfützen. Daß sie sich dabei ganz bespritzte, störte sie nicht. Die Regentropfen klatschten ihr ins Gesicht. Das Mädchen lief zum Park, der in der Nähe der Wohnung lag.

Der große Bruder trottete langsam hinterher. Der Junge hob einen Stein auf und warf ihn in einen Bach. Dann schaute er die alte Weide an, die ihm oft beim Spiel als Versteck diente. Keine einzige Knospe, kein Blümchen war zu entdecken. Stephan liebte die

Natur, die herrlichen Blumen, die munteren Schmetterlinge, die der Bub so gern erhaschte. Der Zehnjährige dachte nur an den Frühling, der einfach nicht kommen wollte.

Plötzlich vernahmen die Geschwister ein leises Rauschen in der Luft. Ein sachter und warmer Wind kam auf. Die Wolken lichteten sich, und es regnete kaum noch. Ein Stück blauer Himmel war zu sehen, und die Sonne lugte hervor. Nur vereinzelt fielen noch Regentropfen. Über dem Weidenbaum bildete sich ein farbenprächtiger Regenbogen. Mit einem Mal stand dort ein wunderschönes Mädchen mit langen blonden Haaren, die so golden in der Sonne schimmerten. Es trug ein buntes Seidenkleid. Sie lächelte die Kinder freundlich an, breitete die Arme aus und strich über die Zweige der alten Weide. Schmetterlinge kamen geflogen und setzten sich auf ihre Hand.

Stephan und Susanne gingen zu dem Mädchen, und es wurde beiden ganz warm. Sie zogen ihre Regenmäntel aus und blieben bewundernd vor ihm stehen.

»Du siehst aber schön aus!« schwärmte Susanne. »Du hast ja Haare wie Gold, und dein Kleid mit den vielen bunten Streifen gefällt mir so sehr. Wie heißt du denn? Wir haben dich hier noch nie gesehen.«

»Ja, wo kommst du denn her? Wo wohnst du?« wollte auch Stephan wissen.

Das schöne Mädchen legte seine Arme um die Kinder. »Ich komm' von sehr weit her, über Berge und das große Meer. Man nennt mich Lenz.«

»Das ist aber ein drolliger Name«, lachte Susanne. »Das ist mein großer Bruder Stephan, und ich heiße Susanne.« Wir waren so traurig, weil es nur noch geregnet hat. Der Frühling will nicht zu uns kommen. Ich werde dich »Regenbogenkind« nennen. Das paßt zu dir!

Die Geschwister liefen auf der Wiese fröhlich um die Wette, bis sie zum Bach kamen. Vor Freude warfen sie Steinchen ins Wasser und sangen ein Frühlingslied. »Es tönen die Lieder, der Frühling kehrt wieder, es spielet der Hirte auf seiner Schalmei ...«

Das Regenbogenkind setzte sich jetzt auf die Wiese und strich mit der Hand über den Erdboden.

»Du machst dein schönes Kleid naß!« meinte Susanne besorgt.

»Es hat doch so sehr geregnet«, sagte Stephan. »Steh auf!« Alle grauen Wolken waren jetzt verschwunden. Der Himmel war tiefblau, und die Sonne strahlte über Finkenstein. Es war wie ein großes Wunder.

»Wo ist denn das Mädchen?« fragte Susanne erstaunt.

»Eben saß es noch hier auf der Wiese!« Sie lief zum Bach und wollte es suchen. »Das verstehe ich nicht!«

»Unter dem Weidenbaum sind ja plötzlich Blumen zu sehen!« rief Stephan erfreut.

»Hier wachsen Gänseblümchen!« rief Susanne und wollte ein Blümchen pflücken.

Stephan kam zu der Schwester. »Da wachsen ja die ersten Butterblumen. Susanne, laß die Gänseblümchen stehen, dann können sich alle Leute daran erfreuen.«

Die Vögel kamen geflogen und zwitscherten ihre Weisen. Schmetterlinge spielten Haschen und umkreisten die beiden Kinder. Die Knospen sprangen auf. Die Natur war plötzlich wie verzaubert. Es war nun endlich Frühling in Finkenstein.

Frühling

Aprilwetter

Hatschi! »Gesundheit!«
Was ist das für ein Wetter heut?
Hatschi, mein Schatzi,
hab' mich so auf dich gefreut.
Doch ich kann nichts sagen,
verschlossen bleibt mein Mund,
muß nur immer niesen, geh' elendig zu Grund.
Schon wieder geht es hatschi,
bald wird es mir zur Plag',
nur immer wieder hatschi
den lieben langen Tag.
Was hab' ich nur für Kummer mit dieser Nieserei?
Noch immer geht es hatschi,
es ist schon eine Quälerei.

Seit Tagen schon es regnet, die Welt ist grau in grau,
verschnupft sind alle Leute, auch Großpapa und seine Frau. Hemd und Hose sind gebleicht, vom vielen
Regen durchgeweicht, die Welt sieht so trostlos aus,
keiner traut sich aus dem Haus.

Sankt Petrus ist verärgert und auch schlecht gelaunt,
    denn ein kleiner Engel hat ihm seine Brille ge-
klaut.
    Da Petrus drum nichts sehen kann, schickt er Re-
genwetter,
    blauer Himmel, Sonnenschein wäre doch viel net-
ter.

Der Bettler

Teile dein Brot, übersieh nicht den Bettler am Wegesrand,
morgen schon könntest du es sein, der bittend streckt aus die Hand.

Teile dein Brot, überhör nicht des Bettlers Rufen und Flehn,
bedenke, du könntest im Leben mal an der gleichen Stelle stehn!

Traurig sieht es in unserer Welt oft aus,
Hunger und Elend herrscht in so manchem Haus,
Krieg und Unheil hat das Leben zerstört.
Seht an, das Kind dort! Habt ihr sein Rufen gehört?
Mit bittenden Augen sieht, fleht es euch an,
ist halb verhungert, bittet, wer ihm helfen kann?

Geht nicht vorbei, helft ihm aus seiner großen Not,
Frieden findet ihr im Herzen, es dankt euch Gott.
Uns Menschen, sind wir ehrlich, geht es oft recht gut,
haben wir viel, treibt uns manchmal der Übermut.
Viele Kinder müssen vor Hunger sterben,
bei uns muß das Brot oft traurig verderben.
Achtlos wirft man es fort, zum Fenster raus,
wir könnten helfen, mit dem größten Elend wäre es aus!

Das Lebensschiff

Du lagst in der Wiege und warst noch klein,
konntest nicht selber Steuermann sein,
mancher hat an deinem Lebensrad gedreht,
gelenkt, bis es von selbst dann geht.
Oft tobten Stürme, dem Schiff drohte Gefahr,
nicht jedes Unheil wurde dir dann gleich klar,
du dachtest, es geht schon, hast's versucht allein,
ein Schiff muß schon richtig gesteuert sein.
Noch kennst du die Richtung des Schiffes nicht,
weißt nicht, wie schnell oft ein Leben zerbricht,
sehr unruhig ist des Schiffes Wellengang,
der das Schiff treibt, ein Leben lang.
Krieg, Hungersnot kann das Leben dir beschern,
nicht jede Frucht hat eben ihren guten Kern,
so steuerst du weiter, mal wenig, mal viel,
hoffst, daß dein Schiff dich bringt ans Ziel.
Das Lebensschiff fährt, weißt du wohin?
Wird die Fahrt gut und bringt dir Gewinn?
Umtoben dich Wellen bei steinigem Grund,
nicht jeder Weg läuft grad, sehr oft rund.
Bleib stark, wenn die Stürme das Schiff umkreisen
vertrau dem Herrn, der den Weg dir wird weisen,
segle nur weiter, wenn der Mast auch mal bricht,
halt dein Rad fest, verzage dabei nur nicht!

Froh geht's in die Welt hinein !

Text u. Musik: Ingrid Melzer

Froh geht's in die Welt hinein

Nordseelied

1.) Duhnen, du Städtchen am norddeutschen Strand,
es peitschen die Winde die Wellen ans Land,
hier finden die Menschen Erholung und Ruh',
wandern durch Dünen, Sand dringt in die Schuh'.

2.) Leuchttürme blinken die Grüße hinaus,
daß Seemann und Fischer finden nach Haus,
von Stockholm nach Büsum, Hamburg und Kiel,
bringt sie das Schiff wieder sicher ans Ziel.

3.) Blühende Wiesen, auch Heide und Wald,
da treibt uns die Sehnsucht nach Duhnen so bald,
die Luft ist kristallklar, das Meerwasser rein,
kann's auf der Welt wo schöner noch sein?

4.) Ihr Leute hört alle, ob groß oder klein,
werft keinen Unrat in unser Meer hinein,
dann schützt ihr die Umwelt, Pflanzen und Tier,
Gott hat's geschaffen, es bleibt sein Revier!

Nordseelied

Komm nach Cuxhaven

Refrain: Komm nach Cuxhaven, denn in Cuxhaven
da ist es so schön,
Wellen und Wogen, schäumende Fluten,
dort gibt es kein' Föhn.
Bei Ebbe kann man übers Wattenmeer gehn,
von Ferne die Insel Neuwerk schon sehn,
und zwackt dich ein Krebslein mal in den
Zeh,
trag's mit Humor, dann tut's nicht mehr
weh!

1.) Wandern durch Dünen und träumen am
Strand,
Muscheln sammeln, baun Burgen aus Sand,
mit dem Schiff fahren aufs Meer hinaus,
wer denkt dann schon an zu Haus?

2.) Rosen erblühen, Windmühlen sich drehn,
Pärchen verliebt durch die Heide gehn,
fröhliche Leute, ein Tropfen Wein,
kann es wo schöner noch sein?

3.) Möwen, sie kreisen und klecksen aufs Deck,
schnappen nach Krümeln, sind ja so keck,
so geht es halt zu an der Waterkant,
drum ist Cuxhaven bekannt.

Mutti, die Sonne ist ins Wasser gefallen!

Als ich in Cuxhaven eintraf, war ich angenehm vom Norden Deutschlands überrascht. Ein Bus brachte mich in einen herrlichen Ortsteil von Cuxhaven, nach Duhnen. Es war kühl, und frischer Wind blies mir um die Nase. Mein erster Gang führte mich zum Strand. Es war gerade Flut und hohe Wellen spülten an Land.

Der erste Tag in Duhnen begann für mich mit Sonnenschein. Am Strand war reges Treiben. Groß und klein tummelten sich im Wasser oder saßen gemütlich in den Strandkörben. Lebhaft ging es an diesem herrlichen Julitag zu.

Auch das Wochenende war schön, die Sonne lachte vom wolkenlosen Himmel. Kinder und Erwachsene waren vergnügt im Wasser oder am Strand. Federbälle flogen hin und her, bunte Kugeln wurden in den Sand geworfen. Wer zielte wohl am weitesten? Verschiedene Drachen und andere bunte Papiervögel flogen und kreisten mit einem summendem Ton durch die Lüfte – ein bewegtes, buntes Bild. Kleine Nackedeis planschten fröhlich im Wasser, sahen aus wie mit Schlamm beschmierte kleine Neger, bauten Burgen im Sand.

Die Flut ging zurück. Ebbe setzte ein. Groß und klein spazierten übers Wattenmeer im Badedress, in Gummistiefeln oder ganz einfach, wie der liebe Gott sie geschaffen hatte, jeder nach seinem Belieben.

Eine Gymnastikgruppe lief im Dauerlauf mit rhythmischen Bewegungen übers Watt. Aus der Ferne war Blasmusik zu hören. Kinder sammelten eifrig kleine und große Muscheln, die von Mutti und Vati bestaunt wurden. Ich schloß mich einer Gruppe an. Wir kamen zu den Prielen. Wir sahen etwas Rundes auf der Wasseroberfläche schwimmen, das wie der

Umriß eines Kopfes aussah. Ein Herr unserer Gruppe fragte entsetzt, ob das ein Toter sei. Als wir näher kamen, stellten wir überrascht fest, ein Seehund hatte sich da verirrt.

Es war ein milder Abend. Viele Menschen waren unterwegs. Auf der Strandpromenade gab es Verkaufsstände. Wie köstlich mundete doch ein französischer Pfannkuchen mit warmen Kirschen oder warme Waffeln mit Schlagsahne. Ich setzte mich auf eine Bank, genoß den Abendfrieden. Die Sonne stand direkt über der Insel Neuwerk, bis sie dann dort versank.

Die Stimme eines kleinen blondgelockten Mädchens riß uns aus der abendlichen Ruhe: »Mutti, Mutti, die Sonne ist eben ins Wasser gefallen!« Wir schauten zu dem Kind und schmunzelten über dessen rührenden Ausruf. Der Tag neigte sich dem Ende zu.

Wie romantisch war ein Spaziergang von Duhnen nach Saalenburg. Rechts große Weidenflächen, auf denen etliche Schafe grasten und blökten und zwischen ihnen weidende Kühe. Auf dem Deich saßen wie ein Strauß weißer Blumen, Möwen, die wenig später kreischend in die Lüfte flogen. Grüne Tannen, weißer Sand, die Heide blühte, der Duft der Heckenrosen drang zu mir. Zauberhaft, das war Balsam für die Seele. Aus der Ferne konnte man Schiffe, Frachter, Boote, Windsurfer sehen. Drachen schwebten in der Luft. Sirenengeheul der Schiffe. Blasmusik vom anderen Ortsteil Duhnen.

Heute war es leider sehr frisch. Vermummt in dicken Wetterjacken und Gummistiefeln, kämpften wir uns mühsam durch manche Windböe. Hohe Wellen spülten an Land. Oft war die Uferpromenade überflutet, es gab nasse Füße, aber den Kindern machte das großen Spaß. Wenige waren am Strand. Da rief doch so

ein Berliner Stepke: »Kicke mal, da looft en Nackter!«
Tatsächlich, an diesem kühlen Tag machte ein Mann
im Adamskostüm einen Dauerlauf übers Wattenmeer.
Wir lachten.

Obwohl es Petrus heute wieder gut mit uns meinte,
es war kühl, stürmisch, dicke Regenwolken bedeck-
ten den erwünschten blauen Himmel, waren tausen-
de Menschen am Strand, denn es war heute Duhner
Pferderennen auf dem Watt. Da war etwas los. Eine
Gymnastikgruppe von Kindern, Jugendlichen und
Erwachsenen lief im Dauerlauf mit Fähnchen, Reifen
und bunten Tüchern übers extra für dieses Rennen
mit einem Zaun abgeteilte Wattenmeer. Kapellen
spielten auf. Drachenflieger, Fallschirmspringer,
Hubschrauber gaben einmalige Vorführungen.

Dann begann das Rennen. Pferde mit ihren Reitern
trabten, liefen, galoppierten übers Watt. Wasser
spritzte. Menschen klatschten, schrien, jubelten.

Zwei Pferde warfen plötzlich ihre Reiter ab. Die
Pferde liefen wild in die Zuschauermenge hinein.
Menschen erschraken, schrien auf. Die beiden Aus-
reißer konnten endlich eingefangen werden.

Es ging weiter. Ein Pferd stürzte schwer und mußte
abtransportiert werden. Wie wir dann erfuhren, erlag
es später seinen Verletzungen. – Ein harter Sport!
Die Flut nahte, und Pferd und Reiter wurden unruhig. Es ging quer durchs Wasser. Mit Wolkenbruch
und Donnerschlag ging dieses atemberaubende Spek-
takel zu Ende.

Oft war die Wolkenbildung über der Nordsee das
reinste Naturschauspiel mit schweren, gelblich-
schwarzen Wolken. Das Wetter spielte verrückt, es
regnete nur und war für die Jahreszeit zu kalt. In
Cuxhaven schien ein milder Winter eingezogen zu
sein.

Laternenfest in Duhnen. Alles, was Beine hatte, war am Abend am Strand versammelt. Mit fröhlicher Blasmusik und Gesang zogen wir an geschmückten Gärten und Häusern vorbei, trugen Fackeln und Laternen in der Hand. Auf dem Wattenmeer wurde dann ein prächtiges Feuerwerk entzündet. Raketen und Goldregen erhellten die Nacht. Ein einmaliger Sternenregen und das »Meer in Flammen« waren der Höhepunkt und für uns eine wahre Augenweide. Tosender Beifall für diesen gelungenen Abend.

Das Schiff brachte uns nach fast dreistündiger Fahrt auf der Nordsee von Cuxhaven nach Helgoland. Dort angekommen, wurden wir ausgebootet. Da lag sie vor uns, die Trauminsel der Nordsee, Helgoland. Wie schön sie doch aussah. Der rote Steinfelsen, die kleinen Häuschen und Gäßchen, einmalig. Wir gingen zur Wetterwarte. War eben noch blauer Himmel, so waren wir plötzlich von dichtem Nebel umhüllt. Wo kamen plötzlich die schweren Wolken her? Schnellstens eilten wir der Anlegestelle zu. Regen setzte ein. Menschen strömten herbei. Sturm kam auf. Wir stiegen in die Boote und wurden erneut ausgebootet. Durch den starken Wellengang schaukelte das Boot hin und her. Da konnte es einem schon komisch werden in der Magengegend. Selbst die rauhen »Seebären« machten ernste Gesichter.

Wir waren auf dem Schiff. Der Nebel wurde dichter. Nun begann die reinste Geisterfahrt. Man konnte kaum etwas sehen. Von fern waren die Umrisse der Schiffe zu erkennen, rote und grüne Signallampen leuchteten jetzt auf. Dann Sirenengeheul der Schiffe. Einigen Passagieren wurde übel. Durch Sturm und Nebel fahrend erreichten wir glücklich, jedoch bei strömendem Regen, Cuxhaven. Die Erinnerung an dieses Erlebnis und Helgoland wird in unserem Herzen bleiben.

Wenn es auch zu kühl war, Petrus zu oft die Schleuse öffnete, die Sonne wenig lachte, wir in Wetterjakken und Gummistiefeln, teils lachend, teils mürrisch wegen des schlechten Wetters, über das Watt gingen, schön war's doch. Seeluft und Wind bräunte trotzdem die Haut. Mancher wird im nächsten Jahr bestimmt wieder nach Cuxhaven fahren, dort wo die Sonne in das Meer »fällt«.

Urwaldlied für Vorschulkinder

1.) Ein kreuzfideler Affe wollt' auf Wanderschaft gehn,
um sich die hohen Bäume im Urwald anzusehn.
Da flog doch eine Kokusnuß auf das arme
                                        Affentier,
du lieber kleiner Affe, ach, bleib doch hier.

2.) Der Elefant bläst laut seinen Ruf hinaus,
da laufen alle Tiere flüchtend in ihr Haus.
Es spukt bei uns, wir sind erschreckt,
wer hat uns aus der Ruh' geweckt?
Ist unser schöner Urwald denn heut verhext?

3.) Der Affe und ein Elefant gerieten sehr in Streit,
da die lange Wanderschaft wurde doch zu weit.
Als sie kamen auch zum Nil, wollt' beißen sie das
                                        Krokodil,
schnaufend, prustend kamen sie wieder ans Ziel.

(Nach der Melodie: »Ein Männlein steht im Walde ...«)

Refrain: Im Urwald geht's heut lustig zu,
im Urwald ist es ja so fein,
denn dort lebt so manches Ungetier,
auch gibt es da Negerlein.

(Nach der Melodie: »Die Vögel wollten Hochzeit machen ...«)

Urwaldlied

Die kleinen Detektive

Die Schulglocke des Grünwalder Eichendorf-Gymnasiums läutete. Dreizehn Uhr. Der Unterricht war beendet.

»Hurra!« klang es aus vielen Kinderkehlen. Frau Kastner, die Klassenlehrerin, ordnete die Arbeitsmappen ihrer Schüler. Sie hatten einen Aufsatz über den kranken Wald geschrieben. »Kinder, ich wünsche euch ein schönes Wochenende. Plagt eure Eltern nicht so sehr.« Die Lehrerin lachte und wandte sich an den elfjährigen Stephan. »Ich nehme dich mit meinem Wagen mit. Du gehst doch heute wieder zu Oma und Opa.«

»Ja, Frau Kastner, die Mutti muß länger arbeiten. Sie kommt erst am Abend.«

»Auf Wiedersehen!« riefen die Kinder und stürmten aus dem Klassenzimmer.

Stephan nahm seine Schultasche, steckte ein Bonbon in den Mund und folgte der Lehrerin die Treppe hinunter. Der Junge pfiff ein Lied vergnügt vor sich hin.

Frau Kastner grüßte einen Kollegen und ging mit dem Bub zu ihrem Auto. »Na, dann steig mal ein, junger Mann.«

Stephan durfte vorn sitzen, so konnte er alles gut beobachten, was auf der Straße vor sich ging. Er fuhr gern in dem tollen roten Sportwagen seiner netten Lehrerin. Seine Mutti fuhr kein Auto mehr, seit Vati vor zwei Jahren bei einem Autounfall ums Leben gekommen war. Nun war er mit Mami allein, so ging er oft zu den Großeltern, wie heute auch wieder.

Das Fahrzeug brauste die Straße entlang, vorbei an Geschäften, Seitenstraßen, einer Kreuzung, bis

Frau Kastner vor einer Wohnsiedlung mit hübschen kleinen Reihenhäusern hielt.

»So, Stephan, du bist da, grüße Oma und Opa von mir.« Frau Kastner öffnete die Wagentür und fuhr dem Jungen über den blonden Wuschelkopf. »Tschüs, mein Junge! Viel Spaß heute.«

»Danke, Frau Kastner«, verabschiedete sich der Elfjährige und stürmte auf das Haus Nummer zehn im Buchrainweg zu. Er klingelte heftig an der Tür.

»Ja, ja, ich komme schon«, war eine rauhe Männerstimme zu hören, und die Tür wurde geöffnet.

»Hallo, Opa!« rief Stephan und umarmte den grauhaarigen Mann. Seine Schulmappe flog in die Ecke.

Der Großvater schmunzelte über seinen wilden Enkelsohn und stellte die Tasche auf den Schrank. »War es gut in der Schule, Stephan?«

»Ja, ich habe einen guten Aufsatz geschrieben.« Der Junge begrüßte in der Küche seine Oma und wusch sich im Bad die Hände. Der Bub gesellte sich zum Opa ins Wohnzimmer, der am Eßtisch saß und einen Blick in die Tageszeitung warf. Dabei brummelte er ein paar unverständliche Worte vor sich hin.

Oma Buchner kam jetzt mit glühenden Wangen herein. Es gab heute Kartoffelpuffer mit Apfelmus, und die drei ließen es sich gut schmecken. Stephans Lieblingsgericht.

»Wir haben übers Wochenende keine Aufgaben auf«, verkündete der Junge mit vollem Mund und schielte zur Zeitung, die auf dem Tisch lag. Er las die Schlagzeile: »Bankraub. Täter entkommen.« Das war etwas für ihn. Er zappelte unruhig auf seinem Stuhl hin und her.

»Zehntausend Mark haben die Bankräuber gestern in der Lindensparkasse erbeutet«, sagte der Großvater. »Mit einem grünen Wagen sollen sie in Richtung

Stadtwald geflohen sein. Die Polizei hat die Täter noch nicht erwischt.«

»Was wollen die nur mit dem vielen Geld?« wunderte sich Stephan und schüttelte den Kopf. Er war aufgeregt.

Die Mittagsmahlzeit war beendet, der Tisch abgeräumt. Opa und Stephan saßen vor dem Fernsehgerät. Eben wurden nochmals Filmaufnahmen vom Bankraub gezeigt. Stephan paßte gut auf. Der eine Bankräuber war von großer, kräftiger Gestalt. Der grüne Wagen, mit dem die Täter geflohen waren, wurde gezeigt. Er hatte das amtliche Kennzeichen HU-XY-007.

»Hoffentlich können die Bankräuber gefaßt werden«, sagte der Großvater und schaltete das Fernsehgerät wieder aus.

Stephans Großeltern wohnten in Grünwald, einem herrlichen Vorort von München. Der Junge liebte diese wunderschöne Gegend und streifte gern mit seinem zwölfjährigem Freund Torsten durch den Stadtwald.

Es klingelte an der Wohnungstür. Torsten und seine elfjährige Schwester Tina kamen ins Wohnzimmer und begrüßten Herrn Buchner. »Darf der Stephan mit uns zum Forsthaus gehen?« bettelten die beiden. »Wir wollen Kastanien für die Schule sammeln.«

»Ja, geht nur«, erwiderte der Großvater und schmunzelte.

Stephan holte im Nebenzimmer einige Gegenstände und verstaute sie in seiner Hosentasche. Die blaue Strickjacke hängte sich der Bub lose über die Schulter. Die Kinder verabschiedeten sich und stürmten hinaus.

»Um achtzehn Uhr muß Stephan aber wieder hier sein!« rief der Großvater hinterher.

Tina hüpfte von einem Bein auf das andere, und die

Buben lachten über das vergnügte Mädchen mit den langen Zöpfen. Die Kinder liefen die Straße entlang, kauften am Kiosk Kekse und Comikhefte. Dann gingen sie in Richtung Stadtwald.

Beim Kinderspielplatz tobten die Buben an der Kletterstange, und Tina rutschte mit Schwung die bunte Rutschbahn hinunter. Kekse essend und fröhlich schwatzend, kamen die drei Kinder beim alten Forsthaus an.

Im Seitenweg des Waldes, unter den Kastanienbäumen, stand ein grünes Auto mit dem Kennzeichen Hu-XY-007. Die Kinder näherten sich dem Fahrzeug. »Da sitzt aber niemand drinnen«, sagte Tina und untersuchte den Wagen eingehend von allen Seiten.

Torsten blickte sich suchend um. »Ich sehe keinen Menschen hier. Merkwürdig.« Er kratzte sich am Kinn.

Da erinnerte sich Stephan an die Schlagzeile aus der Tageszeitung. Jetzt wurde er ganz unruhig. »Vielleicht gehört das Auto den Bankräubern und sie haben es hier versteckt«, überlegte er laut und sah sich auch nach allen Seiten um.

Tina horchte nun auf. Sie legte den Finger an den Mund.

»Seid mal ganz still, ich höre aus dem Forsthaus Stimmen.«

Es war geheimnisvoll. Die Kinder traten dicht an das Haus, welches schon seit einiger Zeit unbewohnt war. Eine Holzbank stand vor dem Haus.

»Pst!« machte Torsten und hielt sein Ohr an die Tür. Das Laub raschelte, als auch Tina näher kam. Gemeinsam belauschten sie das Gespräch. Es war alles gut zu verstehen.

»Warum haste denn nicht geschossen? Mensch, Bruno, du bist doch zu blöd!«

»Ich habe die Pistole in der Bank verloren. Es ging

alles so schnell, Charlie«, ertönte eine andere Männerstimme.

»Als die Alarmglocke ging, bin ich hinausgelaufen zum Wagen, und Tom und ich sind zum Forsthaus gefahren und haben den Wagen hier abgestellt. War das vielleicht verkehrt?«

»Ist ja schon gut, Bruno«, hörten die Kinder die erste Stimme wieder sprechen.

Torsten war auf die Bank geklettert, um durch das Fenster zu spähen. Er rutschte ab und fiel gegen Tina. Beide lagen nun am Boden.

»Aua!« sagte Tina und schaute auf ihr Knie, das nun einige Kratzer hatte. Sie setzte sich auf die Bank.

»Mensch, Torsten, das sind doch die Bankräuber!« rief Stephan aufgeregt. Er notierte sich sofort die Autonummer. »Pst, leise Tina!«

Nun waren im Haus Schritte zu hören, die näher kamen. Die Kinder versteckten sich im Gehölz hinter den Tannenbäumen, als sich die Haustür des Forsthauses öffnete. Ein großer, stämmiger Mann mit dunkelem Haar trat heraus.

»Bring die Tasche mit, Bruno!« rief er und ging auf den grünen Wagen zu.

Die Kinder bückten sich in ihren Verstecken und wagten sich nicht zu bewegen, geschweige zu atmen. Torsten konnte nun das Gesicht des Mannes genau erkennen. Er hatte eine Narbe auf der Wange und wirkte sehr nervös. Ein anderer Mann folgte mit einer Tasche und sah sich nach allen Seiten um. Er legte eine schwarze Tasche in den Kofferraum und holte etwas heraus. Dann machte er sich am Nummernschild des Autos zu schaffen und brachte ein neues mit dem Kennzeichen RO-ON-350 an.

»Wir treffen uns morgen in Rosenheim, in der »Alten Eule«, konnten die drei kleinen Lauscher vernehmen. Die Männer stiegen in das Fahrzeug und fuhren den schmalen Waldweg entlang zur Straße.

Die Kinder kamen aus ihren Verstecken und liefen ein Stück dem Wagen hinterher, bis er aus ihrem Blickfeld entschwand.

»Mensch, das war ja ein tolles Ding; hab ich Blut und Wasser geschwitzt«, sagte Torsten und wischte sich über die Stirn, denn vor lauter Aufregung glühte sein Gesicht.

Tina band ihr Taschentuch um das Knie, da es noch etwas blutete. Ihr Zopf hatte sich gelöst, und die schöne neue Haarspange war weg. Das Mädchen strich sich die Haare aus dem Gesicht.

»Wir müssen sofort zur Polizei gehen!« rief Stephan aufgeregt und faßte nach Torstens Hand. »Los! Kommt!«

Die Geschwister folgten ihm. Die Kinder rannten den Waldweg entlang zur Innenstadt von Grünwald und suchten die nächste Polizeistation auf. Torsten öffnete die schwere Eisentür der Polizeiwache und marschierte mutig den langen Gang entlang.

Die zwei diensthabenden Polizisten staunten, als sie die drei Kinder sahen. »Ja, was wollt ihr denn bei uns?« wunderte sich Polizeiinspektor Wolfrath.«

»Herr Wolfrath, wir können Ihnen etwas ganz Tolles berichten!« platzte Stephan heraus.

»Ja, Sie werden staunen«, ergänzte Tina aufgeregt und trippelte hin und her.

Ein anderer Beamter kam hinzu und schmunzelte. »Na, da sind wir aber sehr gespannt. Setzt euch mal dort hin.«

Die Kinder setzten sich auf die Polsterbank und berichteten aufgeregt: »Wir waren eben im Stadtwald beim Forsthaus und wollten Kastanien sammeln für die Schule«, berichtete Torsten außer Atem und holte tief Luft. »Am Seitenweg unter den Kastanienbäumen stand ein grünes Auto mit einem Münchner Kennzeichen«, ergänzte Torsten noch.

»Warten Sie mal, ich habe die Nummer notiert«, sagte Stephan. Der Junge kramte in seiner Hosentasche und zeigte dem Polizeibeamten die Autonummer HU-X-112.

Die beiden Polizisten sahen die Kinder überrascht an, und einer notierte etwas auf einem Schreibblock.

»Aus dem Forsthaus haben wir Männerstimmen gehört«, meldete sich Tina zu Wort. Ein Mann sagte, er habe eine Pistole in der Bank verloren, und er ist mit dem Geld zum Auto gerannt. Dann sind sie zu zweit mit dem Auto zum Stadtwald gefahren.«

»Ja, und im Wald haben die Räuber das Auto abgestellt«, unterbrach Stephan Tinas Bericht.

»Das ist ja höchst interessant, was ihr uns da erzählt habt«, bemerkte Herr Wolfrath und notierte es.

»Die Männer haben auch das Autoschild nachher ausgewechselt«, konnte Stephan noch berichten. »Die Nummer ist RO-ON-350.«

»Ihr seid ja super; richtige kleine Detektive«, lobte Herr Wolfrath die Kinder und klopfte Torsten anerkennend auf die Schulter.

»Jetzt fällt mir noch ein, der eine Mann hieß Charlie«, sagte Stephan.

»Ja, das stimmt«, konnte auch Tina sich erinnern.

Der andere Polizeibeamte hatte unterdessen im Nebenzimmer eine Flasche Cola und Gläser geholt.

Die Kinder ließen sich das erfrischende Getränk schmecken, und Stephan blickte sich interessiert im Raum um. Dann dachte er wieder nach. »Mir fällt noch etwas ein.« Der eine Mann rief ganz laut: »Wir treffen uns morgen in Rosenheim, in der ›Alten Eule‹!« Tina nickte bestätigend.

»Ich habe die Männer von vorne gesehen. Der große Mann hatte eine Narbe auf der Wange«, wußte Torsten noch und nahm den letzten Schluck Limonade.

»Ja, das stimmt! Das habe ich auch gesehn«, sagte Stephan dazu und nickte heftig.

»Der Mann mit der Narbe, den ihr uns eben beschrieben habt, könnte wohl der gesuchte Bankräuber Charlie Weinerl sein.« Herr Wolfrath zeigte den Kindern verschiedene Fotos von Kriminellen.

»Das war der Mann, der das Schild auswechselte«, sagte Torsten bei der achten Fotoaufnahme und schob Stephan das Bild hin, der es genaustens studierte.

»Das war der Mann, Herr Wolfrath«, behauptete auch Stephan jetzt überzeugend, auch Tina bejahte es mit Kopfnicken und rieb sich die Hände vor Freude.

»Kinder, ihr habt uns sehr geholfen. Ich danke euch.« Der Polizeibeamte Wolfrath reichte jedem die Hand und fuhr Stephan väterlich über den Kopf.

Die drei mutigen Detektive Torsten, Stephan und Tina verabschiedeten sich und traten den Heimweg an. Es gab für sie nur einen Gesprächsstoff – die Bankräuber.

»Hoffentlich werden die Männer gefaßt«, sagte Tina.

»Dann kommen sie ins Gefängnis«, freute sich Stephan.

Die Kinder blieben vor einem Buchladen stehen und studierten eingehend die dort ausgestellte Lektüre.

»Emil und die Detektive«, las Stephan laut. »Das Buch möchte ich so gern haben.« Er war eine Leseratte.

»Wir gehen nach Hause, Tina, dann kann ich meine Schreibarbeit fertig machen«, wandte sich Torsten an die Schwester und legte brüderlich den Arm um sie.

Vor dem Haus von Stephans Großeltern verabschiedeten sich die Kinder voneinander.

»Mach's gut, Stephan, und sage deinen Großeltern noch einen schönen Gruß von uns«, verabschiedete sich Torsten. Dann trottete er mit seiner Schwester davon.

Stephan blieb noch ein Stündchen bei Opa und Oma, wo er ausführlich von seinem aufregendem Erlebnis berichtete. Um achtzehn Uhr holte ihn seine Mutti bei den Großeltern ab.

Drei Tage waren vergangen. Es war Nachmittag und Stephan brütete über seinen Hausaufgaben.

Frau Pichler war mit einer Schreibarbeit beschäftigt, als es an der Haustür läutete. »Wer kann das wohl sein?« fragte sie und schaute ihren Sohn Stephan an, der ebenfalls überrascht aufblickte. Die Mutter öffnete die Türe. »Ah! Das ist ja der Polizeiinspektor Wolfrath. Das ist aber nett. Kommen Sie nur bitte herein.«

Der Beamte trat ins Wohnzimmer. »Hallo, Stephan!« begrüßte er den Jungen. »Ich habe dir etwas Schönes zu berichten, da wirst du staunen und dich freuen.« Herr Wolfrath nahm auf dem roten Ledersofa Platz, und Stephan legte erst einmal seine Schularbeit bei Seite. »Ja, Stephan, ihr habt uns von euren Beobachtungen beim Forsthaus berichtet und von dem Gespräch der Männer. Ich war am Montag mit einem Kollegen in Rosenheim. Wir waren im Lokal ›Alte Eule‹. Es hat uns aber dort überhaupt nicht gut gefallen, muß ich dir sagen.« Er sah jetzt Frau Pichler an, die ihn auch ohne erklärende Worte verstand.

Stephan rutschte aufgeregt auf seinem Stuhl hin und her. »Wie ging es denn weiter, Herr Wolfrath?«

»Ja, Junge, paß auf. Wir haben uns im Lokal an den Tisch gesetzt und ein Bier getrunken. Da sahen wir diesen Charlie Weinerl. Er hatte gerade mit einem

anderen Mann ein heftiges Streitgespräch. Beinahe
wäre es zu einer Schlägerei gekommen, weißt du.«

»Au, weia!« entfuhr es Stephan, und er hatte vor
Spannung und Aufregung glühende Wangen.

»Wir nahmen Charlie Weinerl mit auf unsere Polizeiwache und haben ihn eingehend verhört. Er leug-
nete erst die Tat. Aber dann gestand er doch den
Banküberfall. Er nannte uns schließlich auch die Namen seiner Komplicen. Wir haben die beiden anderen
Männer in ihren Wohnungen festgenommen. Nun
sind alle drei im Münchner Gefängnis. Den gestohle-
nen Geldbetrag haben wir zum Glück gefunden und
ihn wieder der Bankdirektion zurückgegeben.

»Das finde ich toll, daß die Räuber nun eingesperrt
wurden«, meinte Stephan.

»Das ist richtig, Herr Wolfrath, eine böse Tat muß
auch bestraft werden«, ergänzte Frau Pichler. »Sicher
hätten die Männer noch weitere Banküberfälle gemacht.«

»Den Charlie Weinerl suchten wir schon sehr lange«, entgegnete der Polizeibeamte. »Stephan, ich habe gehört, du bist eine Leseratte; das ist sehr schön.«
Er öffnete seine braune Aktentasche und entnahm
ein kleines Päckchen. Herr Wolfrath gab es dem Jungen. »Das ist für dich, Stephan, weil du uns so geholfen hast.« Der Polizeibeamte schmunzelte und drückte den Bub an sich.

Der Elfjährige riß stürmisch das geblümte Seiden-
papier auf. »Ein Buch!« jubelte er. »Emil, und die Detektive«, sagte er erfreut. »Das habe ich mir schon so
lange gewünscht.« Der Junge stand auf und fiel dem
Polizisten um den Hals. »Danke! Danke!«

Herr Wolfrath war gerührt und strich dem Jungen
über den Kopf. »Kleiner Detektiv«, sagte er freund-
schaftlich.

»Herr Wolfrath, da haben Sie meinem Buben eine

große Freude bereitet«, freute sich Frau Pichler mit ihrem Sohn, der nun seine neue Lektüre fest an sich drückte.

»Ich muß wieder gehen. Mein Kollege wartet schon auf mich.« Der Polizeibeamte verabschiedete sich von Stephan und seiner Mutter und ging hinaus. Mit seinem Wagen fuhr er gleich zur Polizeistation.

Hand in Hand

Walzerlied (zum Schunkeln)

Text | Musik: Ingrid Melzer

Walzertempo

Refrain: Hand in Hand, will ich mit dir durch das Leben geh'n; Hand in Hand, will immer dir zur Seite steh'n! Hand in Hand, mich freun an dieser schönen Welt; komm', laß uns Hand in Hand tun, was uns gefällt; — komm', laß uns Hand in Hand tun, was uns gefällt!

Verse:
1. Oft schon habe ich gedacht, das Leben ist sehr schwer; — traf ich dich, gabst du mir Mut, hast lieb mich angelacht; Kummer, Sorgen quälten mich, ein guter Freund fehlte mir sehr: Nun scheint Sonne für uns zwei, hat uns das Glück gebracht! }

2. Viele Menschen auf der Welt, die fühlen sich allein; Einsamkeit erdrückt sie bald, zu zweit kann's schöner sein! Wünschen einen guten Freund, einen Freund, der sie immer vorsteht, der mit ihnen Freud' und Leid teilt und durch's Leben geht! }

D.S. al fine

Hand in Hand

Schöne Sommerzeit

Schöne Sommerzeit

Oh, du schöne Sommerzeit,
Blumen blühen, weit und breit,
Vögel singen ihre Lieder,
das Bächlein fließt ins Tal hernieder.

Schmetterlinge spielen Haschen,
Bienen von den Blüten naschen,
des Kuckucks Ruf dringt durch den Wald,
von den Bergen das Echo schallt.

Rosen blühen, lieblich ist ihr Duft,
die Lerche schwingt sich in die Luft,
Kirschen reifen an den Bäumen,
der Wald lädt ein zum Träumen.

Groß und klein ins Grüne bummelt,
die Wasserratte im See sich tummelt,
Gewitterschwüle, die Sonne brennt heiß,
da kühlt von innen ein köstlich' Eis.

Und naht dann die schöne Ferienzeit,
per Auto, Bahn geht's in die Welt so weit,
Wandervögel ziehn, die Schuhe voller Sand,
erholt geht's nach Haus und braungebrannt.

Doch sind vorüber die Sommertage,
an denen die Hitze wurde oft zur Plage,
Blumen verblühn, die Blätter werden bunt,
Nebel kommen, der Herbst tut sich kund.
Und macht der Winter sich dann breit,
denkt man gern an die schöne Sommerzeit.

Gedicht zum Muttertag

Mutter, deine Schmerzen waren groß,
bis ich geboren war aus deinem Schoß.
Du hast mir das Leben geschenkt,
meine Kindheit und Jugend stets gelenkt.

Mutter, du hast mich gehalten an deiner Hand,
hast mich geführt durchs Kinderland.
Hatte ich Sorgen, Kummer und Schmerz,
drücktest du mich zärtlich an dein Herz.

Mutter, du hast mich beten gelehrt,
hast manch Unheil aus meinem Weg gekehrt.
War ich krank, pflegtest du mich, kanntest keine Ruh',
saßt an meinem Bett, decktest mich liebevoll zu.

Mutter, was haben deine Hände für mich alles
                                    gemacht,
du hast mit mir gesungen, geweint und auch gelacht.
Mit Blumen jetzt setz' ich mich zu dir auf die Bank,
nehm' deine Hände und sage: »Liebe Mutter, hab
                                    Dank.«

Bergeinsamkeit

Wenn ich auf hohem Berge stehe und schaue hinab ins Tal,
dann wird es mir um mein Herze so eigen mit einem Mal.
Alle hohen Bergesgipfel grüßen freundlich zu mir hin,
dann danke ich meinem Schöpfer, daß ich auf dieser Erde bin.

Viele muntere Gemsen springen über gewaltiges Felsgestein,
Vögel ziehen ihre Kreise, zwitschern in den Tag hinein.
Zwischen allen Alpenblumen blüht die Blumenkönigin,
Edelweiß, du bringst mich zum Träumen, verzauberst meinen Sinn.

Würziger Duft von Tannenwäldern, scheu lugt ein Reh hervor,
von ferne Glockentöne, dringen leise an mein Ohr.
Alle großen Alltagssorgen schwinden dann dahin im Nu,
in der Berge Einsamkeit findet ein jeder seine Ruh'.

Rot leuchtet die Abendsonne, wie ein großer Feuerball,
leises Rauschen, zartes Klingen, dringt durchs Weltenall.
Und ich schau' zum Bergesgipfel, wo die Sonne untergeht,
dann falte ich still meine Hände, sprech' leis ein Dankgebet.

Altes Herz wird wieder jung

Heiß schien die Julisonne auf das Städtchen St. Blasien. Es war schwül. Johann Aumüller schritt langsam den Waldweg entlang. Die graue, schon verwaschene Hose hatte er umgeschlagen. Sein blaues Leinenhemd klebte am Körper. Der helle Strohhut schützte vor der brennenden Sonne. Er pfiff vor sich hin und schaute zum Himmel, denn aus der Ferne zogen Gewitterwolken heran. Er verjagte die lästigen Mücken aus seinem Gesicht. Sein Schäferhund Hasso trottete mit heraushängender Zunge neben ihm her. Johann Aumüller streichelte das Tier.

»Du hast Durst, Hasso. Puh, ist das schwül!« Der Mann wischte sich über die feuchte Stirn. Seine Kehle war wie ausgetrocknet. Er steuerte auf das nächste Gartenlokal zu.

Die »Waldschenke« lag mitten im herrlichen Tannenwald. Viele Besucher waren hierher gekommen um sich auszuruhen oder zu erfrischen. Johann Aumüller wählte ein schattiges Plätzchen und winkte der Bedienung, die sogleich kam. »Bringen Sie mir bitte ein kühles Bier. Und kann ich vielleicht für meinen Hund eine Schale mit Wasser haben?«

Es dauerte nicht lange, bis der Wirt ihm das Bier und ein Schüsselchen brachte. »Bitte schön, mein Herr! Du armer Hund. Das tut dir jetzt gut.« Er streichelte das Tier.

»Danke, Herr Wirt!« sagte Johann Aumüller und nahm einen kräftigen Schluck vom köstlichen Bier. Das tat ihm gut, und er holte tief Luft. Hasso schlürfte gierig das kühle Wasser und leckte dankbar die Hand seines alten Herrn. Das Tier kauerte sich unter den Tisch und döste vor sich hin.

Der Mann hatte sich noch ein zweites und drittes

Bier bestellt. So war ihm wohler, nur die Schwüle plagte jeden.

Schwere Gewitterwolken zogen auf, es wurde immer unerträglicher. Die ersten Gäste brachen auf und schauten besorgt zum Himmel.

»Ich möchte auch zahlen!« rief Johann Aumüller und trank den letzten Schluck Bier.

Die Bedienung kam. »Sie haben drei Bier gehabt. Das macht genau sechs Mark dreißig.«

Johann Aumüller griff in die Hosentasche nach dem Geldbeutel. Leer! Auch in der Jackentasche befand er sich nicht, nur ein Taschentuch und das Taschenmesser. Der Mann wurde nervös. »Ach, wie dumm! Das ist mir peinlich, ich habe meine Brieftasche zu Hause vergessen. Ich heiße Johann Aumüller und bringe morgen das Geld vorbei.«

»Ja, wo gibt es denn so was!« rief der Wirt böse. »Sie trinken drei Bier und wollen noch Wasser für den Köter da und können nicht mal zahlen!«

»Das ist kein Köter, sondern ein lieber Hund«, verteidigte sich der Mann verärgert, und Hasso bellte kräftig. »Sehen Sie, ich lasse meine Uhr als Pfand da, und morgen bezahle ich die Rechnung.«

»Ich bezahle den Betrag von diesem Herrn«, sagte eine junge Dame am Nebentisch, die nun an seinen Tisch trat. »Das kann jedem einmal passieren. Sein Sie doch nicht so kleinlich«, wandte sie sich an den Wirt. Dieser brummelte etwas vor sich hin und nahm den Geldschein. Dann ging er kopfschüttelnd davon.

»Ich danke Ihnen vielmals, daß Sie mir aus dieser peinlichen Situation geholfen haben«, sagte Johann Aumüller gerührt und verließ mit der jungen Frau die »Waldschenke«. Dann trennten sich ihre Wege. »Auf Wiedersehen! Nochmals Dank!«

Die Kindergärtnerin Elke Berger saß mit ihrer Kinderschar auf der Wiese und verteilte belegte Brötchen und Limonade. Anschließend wollte sie mit ihrer kleinen Gesellschaft im nahegelegenen Waldsee baden. Der achtjährige Tobias wollte gerade in die Wurstsemmel beißen, als ein großer Schäferhund bellend auf die Kinder zulief.

»Ein Hund, ein Hund!« schrien sie durcheinander. Die Kindergärtnerin erschrak und wollte die Kinder schützen.

»Hasso! Du kommst sofort hierher!« rief ein älterer Mann und nahm das Tier an die Leine. Jetzt erkannte er die junge Dame mit den langen blonden Haaren. Er ging auf sie zu und sprach sie an: »Sie haben mir doch in der »Waldschenke« meine Rechnung bezahlt. Jetzt kann ich ihnen den Betrag zurückgeben. Sie waren so hilfsbereit.« Er begrüßte die Frau und die Kinder. »Der Hasso tut euch nichts. Er ist ganz lieb«, sagte der Mann und streichelte ein kleines Mädchen mit Zöpfchen.

»Ich bin Elke Berger und arbeite hier im Kinderheim Dornröschen. Das sind meine Schützlinge«, lachte sie. »Das Geld brauchen Sie mir nicht zurückzugeben. Das ist schon in Ordnung, ich habe Sie halt eingeladen.«

Johann Aumüller setzte sich zu den Kindern auf die Wiese. »Ihr könnt mich Johann nennen. Wollt ihr?«

»Ja! Ja!« riefen die Kinder.

»Du bist so nett«, sagte ein kleines Mädchen im roten Kleid.

Johann holte seine Mundharmonika aus der Hosentasche und spielte ein Kinderlied. Alle sangen fröhlich mit: »Ein Männlein steht im Walde, ganz still und stumm.«

»Das war aber schön, wie du gespielt hast, Opi«, begeisterte sich ein kleines Mädchen mit Locken und streichelte sein Gesicht. »Ich heiße Gabi und habe keinen Opi wie du. Ich habe nur eine Omi, das ist die Mutti von meiner Mama. Du gefällst mir so, Opi!«

Johann Aumüller war gerührt und drückte das Kind an sich. Wie gern wäre er auch ein Großvater gewesen, aber es sollte nicht sein. Jetzt hatte er seinen geliebten Hund Hasso und lebte mit ihm allein.

Einige Buben tollten nun mit dem Ball auf der Wiese, und Hasso lief übermütig hinterher.

»Elke, meine Trillerpfeife ist nicht mehr da«, kam der siebenjährige Michael weinend angerannt. »Sie ist aus meiner Jackentasche gefallen. Papi hat sie mir doch geschenkt!«

Die Kindergärtnerin tröstete den unglücklichen Bub. »Morgen kaufst du dir eine neue Pfeife im Spielladen. Ich gehe mit dir, Michael.«

Johann stand jetzt von der Wiese auf und suchte nach einem Weidenholzstück. Er kam zurück, nahm sein Taschenmesser aus der Hosentasche. »Du, Michael, ich schnitze die eine Flöte. Paß mal gut auf.« Er schnitt und feilte an dem Holzstück, und bald war das Kunstwerk fertig. »Versuche mal, damit zu flöten, Michael. Ich glaube, das muß gehn.«

Der Junge nahm das längliche Röhrchen an die Lippen und blies hinein. Ein Pfeifton war zu hören. »Es geht!« jubelte er. »Danke! Danke!« Fröhlich pfeifend, tollte er weiter mit den Kindern auf der Wiese herum. »Du bist mein neuer Freund!« rief er dem Mann zu.

Johann Aumüller verabschiedete sich von der Kindergärtnerin und der munteren Kinderschar. »Tschüs, ihr Süßen!« Er winkte ihnen noch zu und machte sich mit Hasso auf den Heimweg.

Elke Berger läutete an der Wohnungstür im dritten

Stock. Johann Aumüller öffnete und war erstaunt, zugleich erfreut, als er die Kindergärtnerin sah. »Das ist ja eine Überraschung, Fräulein Berger.« Er führte sie ins Wohnzimmer.

»Ich war gerade hier in der Nähe, da dachte ich, ich schau mal bei Ihnen vorbei. Hoffentlich störe ich nicht?«

»Aber nein, überhaupt nicht!« lautete die Antwort. »Sie können gleich ein Gläschen Wein mittrinken, und er füllte ein zweites Glas für seine liebenswerte Besucherin.«

»Da sage ich nicht nein, Herr Aumüller«, lachte die Kindergärtnerin. »Sie leben allein, Herr Aumüller? Wer versorgt sie denn?«

»Meine Frau verstarb vor vier Jahren an Krebs, seither bin ich mit meinem Hasso allein. Ich erhalte keine hohe Pension, deshalb habe ich auch die Wohnung im ersten Stock gegen diese Einzimmerwohnung getauscht. Kochen kann ich gut, denn das habe ich schon oft bei meiner Frau getan. Jede Woche kommt eine Putzfrau, und die größere Wäsche gebe ich zur Wäscherei. Das klappt noch alles gut.«

»Darf ich fragen, wie alt Sie sind, Herr Aumüller?«

»Na, was meinen Sie denn wohl?« Er lachte und nippte an seinem Weinglas. »Ich werde im Dezember einundsiebzig.« Nochmals füllte er die Gläser mit dem köstlichen Tropfen.

»Ich bewundere Sie, wie Sie das allein schaffen«, meinte die Kindergärtnerin und schaute sich interessiert im Zimmer um. Die Tapeten waren nicht mehr ganz neu, der Putz der Zimmerdecke bröckelte etwas, aber ansonsten war alles sauber und gepflegt.

Elke Berger hatte plötzlich eine Idee, die sie mit der Heimleiterin sofort besprechen wollte. Es ging auf einundzwanzig Uhr. Sie verabschiedete sich. »Ich danke für den guten Wein, Herr Aumüller.«

Das Kinderheim »Dornröschen« war ein älteres Fachwerkhaus. Es war umgeben von großen Tannenbäumen und einer Wiese.

»Da kommt ja Johann!« schallte es von einem Baum herunter. Michael hatte den Mann erspäht. Er stieg von seinem hohen »Thron« hinunter und begrüßte den Mann stürmisch. »Können Sie mit mir Fußball spielen? Die anderen Buben haben keine Lust dazu. Ach, bitte!«

»Du Michael, das geht leider nicht«, antwortete der Mann.

»Weißt du, mein Junge, eure Frau Schubert erwartet mich. Sicher findest du noch einen Spieler.«

»Ach, schade!« Der Bub war sehr enttäuscht und tollte allein mit dem Ball über die Wiese.

Eine ältere Frau kam aus dem Haus und schaute auf den Mann. »Sind Sie vielleicht Herr Aumüller?«

»Ja, das ist doch unser Johann, Tante Margot«, kam Michael der Antwort von Johann zuvor.

»Herr Aumüller, ich bin die Heimleiterin, Frau Schubert. Elke hat mir viel von Ihnen berichtet und – ja, die Kinder sind ganz begeistert«, lachte sie und führte den Gast ins Büro. »Unsere Kleinen nennen Sie nur Opa Johann.«

Der Mann setzte sich auf das grüne Ledersofa und bewunderte die vielen schönen Kinderzeichnungen an der Wand.

»Herr Aumüller, wie ich von unserer Kindergärtnerin hörte, leben Sie allein und versorgen sich auch selbst. Sie haben keine so hohe Pension und müssen sich einschränken.« Die Heimleiterin stellte dem Mann eine Flasche Bier und ein Glas auf den kleinen runden Tisch. »Bitte schön, Herr Aumüller! Sie trinken doch gern ein Bierchen; weiß ich von Elke.« Sie lachte dabei. »Daß ich Sie heute eingeladen habe, hat schon seinen Grund, Herr Aumüller. Mit den Kindern gibt es viel Arbeit, und oft könnte man hundert Hände gebrauchen, um allem gerecht zu werden. Wir haben immer viel zu reparieren. Das Gras auf unsrer Wiese müßte auch wieder gemäht werden. Herr Aumüller, hätten Sie nicht Lust, sich etwas hier bei uns im Kinderheim nützlich zu machen? Sie lieben doch Kinder. Ich könnte mir vorstellen, daß Ihnen das Freude machen würde. Habe ich nicht recht?« Die Heimleiterin legte die Hand auf seine Schulter. »Sie könnten sich neben Ihrer Rente bei uns etwas dazuverdienen. Na, wie wär's?

»Frau Schubert, ich bin gerührt. Das würde mir schon Freude machen.« Er lachte verschmitzt und gab ihr die Hand. »Ja, einverstanden! Ich bin für Sie und Ihre Kinderschar da. Ich freue mich darauf!«

Es wurde noch etwas geplaudert. Dann verabschiedete sich der Mann, glücklich über die bevorstehende neue Tätigkeit.

Johann Aumüller hatte das Angebot der Heimleiterin angenommen und machte sich im Kinderheim nützlich, wo es ging. Mit seinem Strohhut und dem blauen neuen Arbeitskittel, der nun einige Farbspritzer hatte, sah er sehr originell aus. Er hatte soeben den Gartenzaun und die Eingangstür angestrichen.

Die Kindergärtnerin spielte mit einigen Mädchen auf der Wiese »Blindekuh«.

»Johann, spiel doch auch mit!« rief Gabi dem Mann zu. »Du bekommst die Augen verbunden.«

»Ich will das Blumenbeet noch umgraben, Gabi!« gab er der Kleinen zur Antwort und ging ins Haus, um sich von der Farbe zu säubern.

Die Heimleiterin kam ihm aufgeregt entgegen.

»Johann, Frau Baumann hat sich eben beim Kartoffeln schälen in den Finger geschnitten. Ich habe ihr die Hand verbunden, es blutete so stark. Was machen wir nun?« Sie war ratlos. »Heute mittag sollte es doch Kartoffelpfannkuchen geben. Patric hat sich das doch so sehr zum heutigen zehnten Geburtstag gewünscht«, sagte die Heimleiterin verzweifelt.

»Das soll kein Problem sein, Frau Schubert«, erwiderte der Mann und schmunzelte. »Ich schäle die Kartoffeln, und Karin kann mir vielleicht dabei helfen.« Er ging in die Küche, tauschte den blauen Kittel mit einer Schürze. Dann ging es ans Werk. Die fünfzehnjährige Karin leistete ihm dabei Gesellschaft. Alsbald bruzelten die ersten Kartoffelpuffer in den großen Bratpfannen. Das Mittagsmahl zum Geburtstag von Patric war somit gerettet. Johann konnte, machte alles.

Die Heimleiterin war erleichtert und klopfte dem Mann anerkennend auf die Schulter. »Danke, danke, Johann!«

Johann Aumüller war nicht mehr wiederzuerkennen. Seine grauen Haare, die vorher lang und struppelig gewesen waren, hatte er schneiden lassen. Die dunklen Augenränder waren verschwunden, sein Gesicht war gebräunt. Die Kinder hatten ihn ins Herz geschlossen, und er lachte, scherzte mit ihnen, half bei Hausarbeiten, pflegte den Garten. Wenn die Spielsachen kaputtgingen – er reparierte sie.

Niemand im Kinderheim »Dornröschen« wollte den guten Johann missen, denn er war immer fröhlich. Da er früher den Schreinerberuf erlernt hatte, konnte er sich handwerklich überall betätigen. Er spielte den Kindern auf seiner Mundharmonika bekannte Lieder vor. Dann sangen und tanzten sie mit ihm. Johann fühlte sich nicht mehr einsam. Auch sein Hund Hasso tollte mit der Kinderschar herum. Alle Kinder nannten ihn Opa Johann. Er war nun der gute, helfende Engel – für alle.

Gedanken zum Herbst

Vorüber sind die Sommertage, es lockte uns der Sonnenschein,
die Tage werden kürzer, nun gibt der Herbst ein Stell-
dichein.
Äpfel, Birnen, Trauben sind ein köstlicher Genuß,
bei Mutters Pflaumenkuchen findet keiner Schluß.
Die letzten Rosen blühn im Garten, lieblich ist ihr
Duft,
Astern, Dahlien, Herbstzeitlosen verzaubern auch
die Luft.
Wie von Meisterhand geschaffen leuchtet bunt der
Blätterwald,
der Wanderer frohes Lied verstummt beim Träumen
da so bald.
Kinder lassen Drachen steigen, laufen übers Stoppel-
feld,
die Ernte brachte Segen, um den Wein ist's gut be-
stellt.
Nebel steigt aus dem Tal empor, gespenstisch sieht es
aus,
Wind bläst um die Nase, bindet Menschen mehr ans
Haus.
Vögel singen ihr Abschiedslied, beginnen die lange
Reise,
die Menschen werden stiller, es verstummt so man-
che Weise.
Geht der Herbst zu Ende, fällt das letzte Blatt vom
Baum,
Schneeflocken schmücken dann die Erde, erneut ist's
wie ein Traum.

Meine Erlebnisse mit Kindern

In meinem Beruf als Kinderpflegerin kam ich mit vielen Kindern verschiedener Altersgruppen zusammen. Auch aus fremden Ländern durfte ich Buben und Mädchen betreuen. Meine kleinen Schützlinge wuchsen mir immer wieder ans Herz, und ich erlebte viel Freude mit ihnen. Oft mußte ich Tränchen abwischen, helfen, trösten, schmusen, oder ich lachte herzhaft über ihre drolligen Einfälle und Sprüche.

Die schönsten Erlebnisse mit meinem kleinen Schützling, dem ich in meinem Bericht den Namen Michael geben möchte, will ich nun erzählen. Vielleicht haben diejenigen, die Kinder auch liebhaben, Freude an den Erlebnissen.

Als ich Michael kennenlernte, war er fünf Jahre alt. Seine Mutti mußte tagsüber arbeiten, so durfte ich ihn betreuen. Gegen sechzehn Uhr dreißig holte ich ihn aus dem Kindergarten ab. Entweder gingen wir in die Wohnung seiner Mutti, oder Michael kam zu mir. Schnell freundeten wir uns an und erlebten allerlei lustige Dinge.

Michael hatte kleine rote Pausbacken, die noch roter wurden, wenn er fröhlich umhertobte und außer Atem dann zu mir kam. Michael hatte blonde Haare, blaue Augen, ein kecke Stubsnase, war stets zu kleinen Späßchen aufgelegt – ein rechtes Kasperle. Manchmal konnte er ganz schön schreien, wenn ihm etwas mißfiel. Dann war er ganz brav. Michael hörte gern lustige Musik, dazu tanzte er vergnügt im Kreis herum, und ahmte Tiere nach. Wie alle Kinder mochte Michael gern Süßigkeiten, und konnte viele Kugeln Eis verdrücken. Was der kleine Lausbub nicht mochte, war Waschen und Zähneputzen. Da gab es Geschrei, daß die Lampe wackelte. Wenn ich ihn aber in meiner Badewanne abseifte, er mit seinem Schiff spielen konnte, gefiel ihm das schon viel besser.

Obwohl auf seinem Bett viele Kuscheltiere saßen, die am Abend auf den kleinen Mann warteten, wollte er lieber wie die Großen ganz lange aufbleiben. Irgendwie gelang es mir aber doch immer, den Schlingel ins Bett zu bringen. Nach dem Abendgebet erzählte ich ihm Märchen oder sang sein Lieblingslied: »Die Blümelein sie schlafen, hell im Mondenschein ...«. Bald sang er mit, dann wurde ein tolles Duett daraus. Michael kuschelte sich in meine Arme, ich bekam einen dicken Kuß, dann schickte ihm das Sandmännchen Träume, und ich konnte mich ausruhen.

Wenn Michaels Mama länger nicht zu Hause war, durfte er bei mir bleiben, und in meinem großen Bett schlafen, was er gern tat.

Es war Morgen. Durch den Fensterladen kam Tageslicht ins Schlafzimmer. Michael blinzelte mich an und begann sofort eine Kissenschlacht. Zack, hatte ich das frisch bezogene Kopfkissen am Kopf. Wir alberten rum. Ich zog den Laden hoch.

»Die Sonne scheint ja!« freute sich das Kind. Ich hob ihn auf die Fensterbank und hielt ihn fest. Michael bewunderte die hohen Tannenbäume, Blumen und einen schwarzen Raben auf unserer Wiese. Da blickte er zum Himmel. »Der Himmel sieht heute aber komisch aus«, war sein Kommentar, »da sind ja lauter kleine, weiße Pöckchen. Du, Tante Ingrid, ich glaube, der Himmel hat auch eine Allergie, und der Petrus muß mit ihm zum Doktor fahren, wie du es mit mir gemacht hast. Weißt du, Tante Ingrid, der Doktor macht dann Salbe auf die weißen Pickel, dann wird der Himmel wieder richtig blau. So sieht das doof aus!«

Ich schmunzelte. Dann lachten wir beide, kleideten uns nach dem Duschvergnügen an.

Es war Abend und Michael planschte fröhlich mit dem Schwamm in meiner Badewanne, in der reichlich Schaum war. Nun ließ ich meinen »Kapitän« walten und richtete unterdessen in der Küche unser Abendbrot. Aus dem Badezimmer drang Michaels Lieblingssong an mein Ohr, den er in voller Lautstärke schmetterte; »Guten Morgen, liebe Sorgen, seid ihr auch schon alle da?« Ich mußte schmunzeln. Allerdings verging mir das Lachen, als ich später mein Badezimmer betrat. Wie sah es da aus. Alles war voll Schaum. Wände Kacheln und Fußboden hatten weiße Schaumkleider an. Alles war naß. Es sah zwar putzig aus, aber ich mußte mit meinem »Frau Holle« – Spieler doch etwas schimpfen. Michael sang weiter und kletterte fröhlich aus der Badewanne. Wir stolperten über Schaumflöckchen und Schaumtiere, die auf dem Fußboden lagen. Meinen nassen »Frosch« trocknete ich ab, und hinein ging es in den molligen rosa Schlafanzug. Mit Putzlappen und Tüchern verwandelten wir das weiße »Märchenschloß« wieder in mein Badezimmer.

Michael war hinterher besonders brav, und ich bekam sogar von seinen Salzstangen etwas ab, die er so gern aß. Nach Abendessen und Nachtgebet bekam ich dann von ihm einen dicken Gutenachtkuß.

Wenn Michael über das Wochenende bei mir blieb, nahm ich ihn oft mit zur Kirche. Oft kleideten wir uns gleich an. Michael trug dann eine weiße Hose und grünen Pulli, ich: weißen Rock und grüne Bluse. Da schauten die Leute, denn sie hielten uns dann oft für Mutti und Sohnemann, und wir zwei mußten sehr darüber lachen. »Wir sind Zwillinge!« jauchzte er. In der Kirche saßen wir oft in der ersten Bank, denn Michael mußte alles sehen, was der Herr Pfarrer am großen Altar tat. Ich hatte Michael viel vom lieben

Gott erzählt, auch von der kleinen Hostie. Ich ging nun in der Sonntagsmesse zur heiligen Kommunion. Michael wollte mitgehen, denn er dachte, der Herr Pfarrer würde aus dem goldenen Gefäß Plätzchen verteilen. Er sah, wie die großen Kinder und Erwachsenen vom Herrn Pfarrer die Hostie empfingen. Da sagte unser Michael plötzlich ganz laut: »Mensch, Tante Ingrid, der Herr Pfarrer verteilt an alle Kinder und Leute Plätzchen! Ich möchte auch eins haben!« Schon wollte er zum Altar laufen. Ich nahm ihn auf den Schoß und erklärte ihm nochmals leise das Geheimnis der kleinen Hostie.

Nun hatte der Herr Pfarrer den Kelch in der Hand und nahm einen Schluck vom gesegneten Wein. Dann reichte er den Kelch den Kirchenbesuchern.

Michael rutschte von meinem Schoß herunter und haute mit der Hand auf die Bank. »So, Ingrid, jetzt reicht es mir, jetzt kriegen die Leute auch noch was zu trinken! Ich habe Durst und möchte auch was haben!«

Ich hielt ihn in meinem Arm fest. Die Kinder und einige Leute in der Kirche begannen über den drolligen Michael zu lachen. Selbst der Herr Pfarrer schaute schmunzelnd zu uns.

Die Sonntagsmesse war vorbei. Auf unserem Nachhauseweg klärte ich meinen Michael nochmals über die Handlungen in der Kirche auf. Jetzt hatte er alles verstanden. Er wollte nun ganz schnell groß werden, damit er auch die kleine Hostie empfangen konnte.

Michael lag im Bett und wir sprachen das Abendgebet. Er wußte von mir, dem lieben Gott konnte man alles sagen. Er lag auf dem Bauch und sagte sein Gebet: »Lieber Gott, ich danke dir, daß alle Kinder im Kindergarten heute so schön im Wasser planschen konnten; daß alle Kinder zu essen haben. Beschütze meine liebe Mutti. Amen.« Michael drehte sich um und schaute mich an. »Ach, Tante Ingrid, nun habe ich auf dem Bauch gebetet, nach unten. Das hat der liebe Gott nicht gehört. Ich muß doch nach oben zum Himmel beten.« Er legte sich nun auf den Rücken und faltete erneut seine Hände. »Lieber Gott, ich danke dir für diesen schönen, schönen Tag. Ich habe mit Tante Ingrid so toll Fußball gespielt. Ich habe nur gewonnen. Ich bin ja auch ein Mann, und Tante Ingrid hat nicht so tolle Beine wie ich. Meine Zähne habe ich heute geputzt, sonst kauft mir Tante Ingrid kein Eis mehr. Lieber Gott, noch was ganz Wichtiges. Hör jetzt gut zu! Mach auch, daß meine Mutti während der Kur auf Sylt nicht so kalt abgespritzt wird. Mutti schreit dann und kriegt den Husten. Sie soll doch bald wieder bei mir sein. Jetzt höre ich auf. Gute Nacht, lieber Gott! Schlafe ja nicht ein, und paß auf alle Kinder auf!« Michaels langes Abendgebet hatte mich doch fast zu Tränen gerührt. Ich drückte ihn fest an mich. Wir sangen unser Lied: »Die Blümelein, sie schlafen ...«

Michael strampelte plötzlich energisch die große Daunendecke von sich. Er hielt sein rechtes Bein in die Höhe. Den anderen Fuß des Beines, legte er darüber. »Mein Fuß ist nun das Telefon«, erklärte mir der Schlingel. Er spielte an seinen kleinen Zehen herum und murmelte dabei einige Zahlen. »Hallo, hallo, lieber Gott! Ich habe eben noch was vergessen. Du, laß ja morgen die Sonne scheinen, damit ich im Kindergarten meine Badehose anziehen kann. Lieber Gott, jetzt schlaf' ich aber wirklich, die Tante Ingrid guckt schon so komisch. Gute Nacht, lieber Gott!« Michael schlief endlich ein.

Es war ein schöner Spätsommertag. Ich bereitete einen leckeren Grießbrei für das Abendessen vor. Michael tobte mit seinem neuen Fußball auf der großen

Wiese vor unserem Haus ausgelassen herum. Sein fröhliches Lachen drang zu mir. Ich sah aus dem Fenster. »Michael, kommst du zum Abendessen hoch!« rief ich meinem Fußballspieler zu. Ich schaute ihm zu. Jetzt flog der braune Ball nochmal über den Rasen, und Michael lief hinterher, lag dann der Länge nach auf der Wiese. Wie ein Schornsteinfeger sah er aus.

»Ich habe aber noch keinen Hunger!« rief er mir zu.

»Wir essen halt später! Den Griespudding kann man auch kalt essen. Tante Ingrid, komm auch runter, und spiel mit mir!«

Ich verließ die Küche und ging hinunter. Michael warf mir gleich seinen Ball zu und verwickelte mich in ein tolles Fußballspiel. Nun legte er richtig los. Von Müdigkeit und Hunger keine Spur.

Im Garten saß eine Nachbarin. Michael mochte diese Frau sehr, denn sie war immer so lieb und lustig. Wenn er bei mir war, bekam er von ihr oft Süßigkeiten und schöne Spielsachen. Michael forderte die Frau zum Ballspiel auf. Nun machten wir zu dritt ein tolles Fußballspiel, und ich war der Torwart.

Machte ich einen Fehler, erteilte mir Michael gleich eine Rüge: »Mensch, Tante Ingrid, paß doch auf! Du mußt auch richtig schießen, Tante Ingrid! Ihr Frauen seid doch richtig doof und zu schwach!«

Die Nachbarin schaute mich an. Wir mußten lachen. Ach, wie jagte mich Michael hin und her. Unser Fußballspiel lockte noch zwei Nachbarsleute an. Unser sportliches Spiel wurde immer ausgelassener. Wir kamen ins Schwitzen, und der Ball flog nur so über die Wiese, manchmal auch in Nachbars Garten, wo ich ihn wiederholte. Dann flog der Ball zur Straße. Außer sich schreiend und mit verklebten Haaren rannte Michael hinterher. Das Spiel ging weiter. Der Ball flog gegen ein abgestelltes Auto. Ein erschrockenes »Oh!« seinerseits. Michael lief hin, und wir großen Leute lachten über ihn.

Auf der Straße unterhielten sich eine Frau und ein Mann. Als der Ball erneut zur Straße rollte, fing der Mann ihn auf und warf ihn im hohen Bogen zur Wiese. Der Ball verfehlte etwas seine Richtung. Er flog auf das erste Stockwerk des Hauses zu. Wir hielten den Atem an denn wir hörten schon die Scheiben klirren.

»Die Fensterscheibe geht kaputt!« jubelte der kleine Fußballspieler und machte einen Freudentanz auf der Wiese.

Der Ball kam aber zum Glück herunter, ohne die Fensterscheibe zu zerschmettern. Wir atmeten auf. Das war noch mal gut gegangen. Wir sahen uns alle an und mußten sehr lachen. Am meisten freute sich Michael, der sofort Purzelbäume auf der Wiese machte. Er war reif für die Badewanne, seine Kleidung reif für die Waschmaschine.

»Tante Ingrid, es ist doch schade, daß die Fensterscheibe nicht kaputtgegangen ist. Dann hätte der Mann sie bezahlen müssen und nicht ich«, meinte Michael.

Wir beendeten unsere »Fußballweltmeisterschaft« und gingen nach oben. Obwohl der Grießbrei inzwischen erkaltet war, schmeckte er uns, mit den Sauerkirschen dazu, vorzüglich, und Michael verdrückte zwei große Portionen davon. Nach dem Essen wanderte der kleine Lausbub in die Badewanne und war hinterher im geblümten Schlafanzug als Michael wieder erkennbar. Müde fiel er in sein Bett. Nach dem Abendgebet und unserem Schlaflied schlief der Junge zufrieden ein.

Mit Michael fuhr ich an einem schönen, sonnigen Spätsommertag mit dem roten Omnibus von Kronberg nach Falkenstein. Bei einem Preisausschreiben hatte ich für zwei Personen eine Einladung für eine Veranstaltung im Falkensteiner Bürgerhaus gewonnen. Michael war sehr aufgeregt und alberte im Bus herum, zur Erheiterung der Fahrgäste. In Falkenstein angekommen, marschierten wir fröhlich zum Bürgerhaus. Viele Gäste waren schon anwesend. Im großen Restaurant roch es toll nach frischem Apfel- und Pflaumenkuchen. Wir sollten in den Nebenraum gehen. Dort saßen schon viele Leute erwartungsvoll an den Tischen. Der große Saal war geschmückt. Auf den Tischen standen kleine Vasen mit bunten Astern. Kuchen insbesondere Obsttorten, wurden nun von den Kellnern herübergetragen, und es roch so köstlich nach frisch aufgebrühtem Kaffee. Ich freute mich auf alles.

»Tante Ingrid, ich mag doch nicht zu den Leuten in den Saal gehen«, sagte Michael plötzlich. »Ich möchte mit dir ganz allein hier am Tisch sitzen.«

Ich war erstaunt, denn der Junge hatte sich doch so sehr auf die Veranstaltung und den leckeren Kuchen gefreut. Alles Zureden von mir, der netten Bedienung und verschiedener Besucher half nichts. Auch der duftende Kuchen lockte Michael nicht. Ich wollte mit ihm wieder fortgehen und einen schönen Spaziergang durch die Falkensteiner Stadt machen. Das gefiel Michael aber auch nicht. Er wollte schon bleiben.

Die Veranstaltung im großen Saal begann pünktlich um sechzehn Uhr. Nun saßen wir beide ganz allein an einem großen viereckigen Tisch im Restaurant. Der Kellner schmunzelte. Michael hatte Durst und ließ sich seine geliebte Cola schmecken und schaute sich interessiert überall um. Ich bestellte mir Apfelkuchen und Schlagsahne dazu. Kuchen und Kaffee ließ ich mir schmecken.

Michael hatte ein Trotzköpfchen. »Nein, ich mag

den matschigen Kuchen nicht! Ich will nur Streusel-
kuchen!« Nun, diesen Kuchen gab es leider nicht. Michael schlürfte ziemlich lautstark seine Cola. Er
schielte zu meinem Teller. »Laß mich nur mal versuchen, Tante Ingrid.«

Er durfte kosten und verdrückte dann das ganze
Stück Apfelkuchen mit Sahne allein. Es schmeckte
ihm doch, und ich schmunzelte vor mich hin. Dieser
Schlingel! Ich bestellte mir nun ein Stück vom fri-
schen Pflaumenkuchen. Ein Genuß war das!

Man muß sich vorstellen, Michael und ich hatten
einen netten Kellner ganz für uns allein. Das war
schon lustig. Der Kuchen hatte uns vorzüglich ge-
schmeckt. Ich nahm den letzten Schluck Kaffee. Wir
standen auf und sahen zum großen Fenster hinaus.
Ein herrlicher Anblick bot sich uns. Wir sahen bunte
Dächer, die schöne Landschaft von Falkenstein, den
Wald und vor uns auf dem Berg die Falkensteiner
Burg. Von der alten Burgruine, die Michael zum ersten Mal sah, war er ganz fasziniert.

»Diese Burg ist aber schön! Ich möchte die Burg
malen!« rief Michael mir vom Fenster zu. Er kam wieder an den Tisch, wühlte dann in meiner weißen
Handtasche herum und holte die Einladung für die
Veranstaltung heraus. Einen Bleistift fand er auch
zwischen meinem Notizblock. Michael räumte das
Geschirr zur Seite und begann zu malen. Unsere Ein-
ladungskarte war ein großes weißes Schreibblatt,
und die Rückseite benutzte der Junge nun für sein
Gemälde. Michaels Bleistift flitzte nur so über das
Papier. Er malte und malte mit roten Bäckchen, wie
die Burg jetzt aussah und wie sie in etwa fünfzig Jahren nach seinen Vorstellungen aussehen sollte. Der
Bleistift ging rauf und runter, hin und her. Michael
malte Schätze in die Burg, Ritter, Fahnen, ein Gefängnis für böse Leute, wie er sich ausdrückte. Er sah

zum Fenster, und nichts konnte ihn aus der Ruhe bringen. »Mein Bleistift ist abgemalt!« rief er laut und war enttäuscht. »Tante Ingrid, ich brauch' sofort einen neuen Stift!« Der Bub war schon schlau. Er lief zum Kellner, der ihm tatsächlich zwei neue Bleistifte gab. Michael zeichnete fieberhaft weiter. Seine Hände waren inzwischen schwarz, das Gesicht ebenfalls verschmiert. Unseren eifrigen Maler störte das nicht.

Eine Stunde war vergangen. Ich trank ein Glas Apfelsaft. Michael nahm zwischendurch auch einen Schluck davon und wischte sich übers Gesicht. Lustig sah er aus, wie ein Schornsteinfeger. Und wie sahen die Hände aus!

Drei Bleistifte hatte er nun abgemalt. »Ich brauche einen Bleistiftanspitzer!« rief er dem Kellner zu. Der Mann schien sehr kinderlieb zu sein, denn er machte alles, was Michael ihm befahl. Ich mahnte zum Aufbruch und sagte Michael, er möge das Bild zu Hause fertig machen. Mein Gott, was wurde der Junge da wild. »Nein! Dann geh du allein nach Hause. Ich male mein Bild hier fertig. Hast du das richtig verstanden, Tante Ingrid?« Ich hatte es verstanden – wir blieben.

Der freundliche Kellner kam zu uns an den Tisch und staunte und lachte. »Da, Michael, dein Anspitzer.«

»Mach du das«, sagte der kleine Maler. Mir tun die Hände weh.« Der Kellner gehorchte und spitzte die drei Stifte an.

Michael malte seelenruhig weiter. Der helle Tisch war mittlerweile auch geschwärzt. Michael störte es nicht. Die ersten Gäste kamen zum Abendessen und schauten dem Bub kopfschüttelnd zu. Das hatten sie auch noch nicht erlebt. Sie waren gerührt und lachten über den hartnäckigen Maler.

Zwei Stunden waren inzwischen vergangen. Ich wollte heim, nur mein Junge noch nicht. Die Veranstaltung war beendet, die Besucher kamen ins Restaurant, und einige sahen Michael zu. Der Fünfjährige malte ein Kunstwerk. Ein Wunderkind, mag so mancher gedacht haben. Nun kamen die Leute von der Presse, die zufällig anwesend waren.

Es war nun genau achtzehn Uhr fünfzehn,als Michael den stumpfen Bleistift auf den Tisch legte und laut rief: »Ich bin fertig, Tante Ingrid! Ich habe die Falkensteiner Burg gemalt.«

Unter das tolle Gemälde mußte ich jetzt Michaels Namen schreiben und den von ihm gewünschten Satz: »Die neue Falkensteiner Burg in fünfzig Jahren.« Michael war über das Lob, das er nun bekam, sehr stolz. Man wollte sein Kunstwerk sogar im Bürgerhaus aushängen. Aber leider, leider gab es dort kein Kopiergerät.

Der hellbraune Holztisch im Restaurant war vom Bleistift verschmiert, und Michaels eifrige Malhände hatten sich darauf verewigt. So konnte der Tisch unmöglich bleiben, schließlich hatten wir ihn sauber und einladend vorgefunden. Der freundliche Kellner gab uns jetzt einen Eimer mit warmem Wasser, Scheuersand, einige Tücher und ein Poliermittel. So gingen wir ran ans Werk. Es war nicht so einfach, die schwarze Farbe zu entfernen. Michael strengte sich mächtig dabei an, schwitzte und stöhnte. Auch seinen Stuhl säuberte er gründlich, zur Belustigung der Besucher.

Jetzt half uns auch der Kellner lachend mit. Ich rieb mit der weißen Polierflüssigkeit über die glatte Tischplatte, so strahlte der Tisch wieder wie neu. Die Damen und Herren der Bedienung waren mit uns zufrieden, und wir auch. Nun mußten wir uns aber auch reinigen. Michaels Hände waren rabenschwarz, sein Gesicht hatte etliche dunkle Flecken. Auch sein gelber Pulli zeigte Malspuren. Michael verließ schon den Waschraum und ging zurück ins Restaurant. Ich brauchte etwas länger und richtete mir noch die Haare. Schnell mit dem Lippenstift über die Lippen, so, ich war wieder menschenwürdig.

Als ich wieder in das Restaurant kam, bot sich mir ein recht amüsanter Anblick. Unser Michael saß wie ein Erwachsener auf einem großen Barhocker an der Theke und hatte die Beine übereinandergeschlagen. Mit keckem Gesicht hielt er vor den Presseleuten große Reden über die Falkensteiner Burg. Vor ihm stand eine Flasche Apfelsaft. Genüßlich nahm er einen Schluck. Eine Serviererin hatte Michael das Getränk spendiert. Allen anwesenden Gästen zeigte Michael nochmals sein Bild. Sie klatschten, bewunderten ihn, und Küßchen bekam der süße Bengel auch von zwei jungen Mädchen. Da rieb er sich stolz über seine roten Wangen und strahlte. Ich mahnte Michael zum Aufbruch, denn es ging mittlerweile auf neunzehn Uhr zu.

»Ich mag noch nicht nach Hause fahren, Tante Ingrid!« Er maulte herum. »Hier ist es doch so schön! Vielleicht können wir hier schlafen?« meinte er. »Geht das?«

Die Serviererin kam mir zu Hilfe und verneinte die Frage. Das nützte. Michael kletterte von seinem hohen Thron herunter. Widerwillig verabschiedete er sich dann von seinen neuen großen Freunden. Er wurde gestreichelt, bekam nochmals Küßchen von einer älteren Dame und heimste von dem netten Kellner eine Tafel Schokolade ein. Michael war mächtig stolz und strahlte über das ganze Lausbubengesicht.

»Auf Wiedersehen, Michael! Komm uns wieder mal mit deiner Tante Ingrid besuchen! Bringe doch auch mal deine Mutti mit, wir freuen uns auf euch!« Man winkte uns noch zu, wir winkten zurück.

Übermütig sprang Michael die Treppen hinunter in den Garten des Bürgerhauses. Dort blühten die letzten Rosen. Michael pflückte eine Rose ab. Er kam zu mir, umarmte mich stürmisch und drückte mir ein Küßlein auf die Wange: »Da, für dich, Tante Ingrid! Ach, was bin ich so froh! War das heute ein schöner, schöner Tag! Da war der liebe Gott so lieb zu mir, das muß ich ihm heute Abend aber sagen!«

Ich war gerührt und drückte den kleinen Schatz an mich. Lange hatte ich kein so zufriedenes, glückliches Kind mehr gesehen. Unser Blick fiel zum letzten Mal auf die Falkensteiner Burgruine. Fröhlich marschierten wir beide zur Bushaltestelle. Michael erzählte laut, sang lustige Liedchen und hüpfte wie ein Ziegenböckchen hin und her, sehr zur Belustigung der Passanten, die noch auf den Straßen waren. An der Bushaltestelle angekommen, turnte Michael am Geländer herum und machte allerlei Späße. Der Bus kam und wir stiegen ein. Ich zahlte unser Fahrgeld und setzte mich nach vorn zum Busfahrer. Noch waren Michael und ich die einzigen Fahrgäste im roten Omnibus. Michael setzte sich nach hinten auf die Polsterbank, schaute zum Fenster hinaus auf die langsam kleiner werdende Stadt Falkenstein.

An der zweiten Haltestelle stiegen Fahrgäste in den Bus, unter anderem auch ein kleiner Junge in Michaels Alter. Der Junge schnitt Grimassen und streckte die Zunge heraus.

»Tante Ingrid, der freche Junge streckt immer die Zunge heraus!« brüllte Michael durch den Bus und machte es sofort nach. Ich drohte ihm lachend mit dem Finger und mahnte ihn, zu mir zu kommen.

Michael saß jetzt neben mir. Er alberte herum, fing an lustige Lieder zu singen. Der Busfahrer lächelte, die Fahrgäste waren erheitert. Durch Michael wurde es eine recht fröhliche Heimfahrt nach Kronberg.

Wieder hielt der Bus. Ein älterer Herr stieg ein. Er war mit einer dunkelblauen Hose und einem gelben

86

Pullover bekleidet. Er lächelte uns amüsiert zu und setzte sich gegenüber, ließ keinen Blick von Michael, der sang und alberte.

Michael schielte immer zu dem Mann hin und meinte dann ganz laut: »Der sieht ja aus wie ich! Nun sind wir ja Zwillinge!« Alle Leute im Bus mußten lachen, und der nette Herr auch. Michael hatte an diesem Tag auch eine dunkelblaue Hose und einen gelben Pulli an.

Unsere Heimatstadt Kronberg nahte. Michael winkte allen Fahrgästen zu. »Tschüs, ihr lieben Leute! Schlaft gut!« Ich mußte lachen. Wir stiegen aus. Einige Fahrgäste winkten uns noch aus dem Bus zu und lachten über den drolligen Michael.

Unser Junge trug nun stolz meine Umhängetasche denn darin befand sich ja Michaels tolles Gemälde. In der Eisdiele holten wir uns noch als krönenden Abschluß dieses herrlichen Tages eine Portion Eis. Dann traten wir frohgelaunt unseren Heimweg an.

Michael besuchte in meiner Heimatstadt den Kindergarten. Alle Kinder im Kindergarten hatten einen Zahnbecher und eine Zahnbürste. Nach dem Frühstück und den dortigen Mittagsmahlzeiten konnten die Kinder ihr Zähne reinigen, denn Kinderzähne müssen ja besonders gut gepflegt werden.

Von der täglichen Zahnpflege hielt unser Michael nicht sehr viel und im Kindergarten schon überhaupt nicht. Er meinte nun, seinen kleinen Freunden gefiele das auch nicht. Michael wollte ihnen darum eine große Freude bereiten und hatte einen ausgefallenen Plan. Er holte sich seinen Freund Patric zur Hilfe. Diese beiden Schlingel gingen dann in den Waschraum des Kindergartens. Aus allen Zahnbechern der Kinder nahmen sie die Zahnbürsten heraus und warfen sie dann in die Toilette. Die Lausbuben freuten sich über ihr tolles Werk. Nun brauchten die Kinder keine Zähne mehr putzen.

Die Erzieherinnen waren allerdings davon nicht erfreut und schimpften mit den beiden Übeltätern. Michaels Mutti mußte dann viele neue Zahnbürsten kaufen.

Wieder einmal besuchte ich mit Michael den sonntäglichen Gottesdienst in unserer Kirche. Das Gotteshaus war gut besetzt, dadurch hatten wir keinen besonderen Sitzplatz, und Michael konnte das Geschehen am Altar nicht richtig verfolgen. Michael maulte herum, war unruhig, schnitt Grimassen. Ich nahm den Jungen auf meinen Schoß und mahnte, leise zu sein, damit niemand in der Andacht gestört würde. Aus dem Sonntagsblatt faltete Michael einen Flieger, und ich konnte gerade noch verhindern, daß der Schlingel sein Kunstwerk durch den Kirchenraum segeln ließ.

Für die Kollekte wurde ein Körbchen herumgegeben. Wir Besucher wurden um eine Spende gebeten. Ich gab Michael nun fünfzig Pfennig, die er in das Körbchen legte. Aber plötzlich griff seine Hand nochmal ganz schnell in den Korb. Er holte ein Fünfmarkstück heraus. Ich erschrak darüber, denn einige Leute schauten zu uns herüber. Leise flüsterte ich Michael zu, er sollte das Geldstück wieder in den Korb legen.

Dem Lausbub gefiel das überhaupt nicht. Lautstark protestierte er: »Die wollen ja auch unser Geld haben, da kann ich mir auch von denen Geld nehmen! Ich brauche neues Taschengeld! Ich habe nur noch ganz wenig, Tante Ingrid.«

Mir war das etwas peinlich, obwohl ich im stillen auch lächeln mußte. Michael legte das Geldstück aber dann doch in den Korb zurück. Der Pfarrer schaute schmunzelnd zu uns.

Michael durfte wieder einmal eine Nacht bei mir schlafen, denn die Mami mußte beruflich verreisen. Er lag neben mir und kuschelte sich in meine Arme. Dann sprach der Junge lautstark und fließend sein Abendgebet: »Hallo, hallo, lieber Gott! Hast du jetzt Zeit? Vielleicht bist du auch noch auf der Erde und sagst den Regenwürmern ›Gute Nacht‹. Dann muß ich mich auf den Bauch legen, damit du mich hören kannst. Wenn du wieder im Himmel bist, muß ich mich auf den Rücken legen, damit du mich hörst. Hast du kein Telefon? Schaff dir doch eins an, das kostet nicht viel Geld. Hallo, lieber Gott! Du bist der Boß auf der Erde. Kannst du nicht machen, daß ich auch bestimmen kann und nicht immer nur die großen Leute? Du bestimmst doch auch! Lieber Gott, ich danke dir für meine liebe Mama. Ich habe heute im Kindergarten tolle Linsensuppe gegessen. Es hat heute toll geschneit. Ich war ganz naß, und Tante Ingrid mußte mir neue Sachen anziehen, sonst hätte ich doch Schnupfen gekriegt. So, lieber Gott, jetzt mache ich Schluß. Du mußt ja noch die anderen Kinder anhören, sonst tun dir dann die Ohren weh. Ich hab' auch schon Ohrenschmerzen gehabt, da ist Tante Ingrid mit mir zum Doktor gegangen. Der hat in meine Ohren geguckt. Lieber Gott, das hat nicht weh getan. Gute Nacht, lieber Gott! Bis morgen!«

Ich lag neben Michael und hatte ihm zugehört. Ein langes Gebet und Gespräch mit dem lieben Gott. Ich war auch müde. Michael schmiegte sich noch enger an mich und schlief dann glücklich an meiner Seite ein.

Schmunzelgeschichten

»Michael«, sagt die Mama, »Die ›Muschi‹ darfst du jetzt nicht mehr so oft anfassen. Weißt du, sie bekommt Junge; das sind Katzenbabys.«
Als Michaels Mutti ein Kind erwartet, sagt der kleine Junge eines Abends zu seinem Vater: »Du Papi, die Mutti darfst du jetzt nicht mehr anfassen, sie bekommt Junge!«

»Fritzchen, wenn du hustest, mußt du aber das nächste Mal die Hand vor den Mund halten«, sagt die Kindergärtnerin. Beim Mittagessen läßt Fritzchen immerzu seine Püpslein ertönen.
»Aber Fritzchen, das tut man doch nicht«, rügt sanft die Kindergärtnerin und schmunzelt.
»Das war doch mein Popo, der gehustet hat«, verteidigt sich der Junge, »da kann ich doch keine Hand draufhalten, weil ich ein Höslein anhabe.«

Sabinchen begleitet die Mama zum Zahnarzt, der sagt: »So, Frau Schulze, die beiden Zähne wären gezogen. Die Wurzeln waren vereitert.«
Mittags kocht Mutter Schwarzwurzeln. Sabinchen schaut zu und meint: »Waren die Schwarzwurzeln auch vereitert, daß wir die nun essen müssen?«

Mit meinen Kindern im Wiesbadener Kindergarten (1969)

Winterlied für Kinder

Wie lustig ist's im Winter,
da gibt es soviel Schnee,
meinen Schlitten hol' ich aus dem Haus,
bergab geht's, mit Juchhe!

Wie lustig ist's im Winter,
da gibt's 'ne Schneeballschlacht,
bekommt die Nase auch was ab,
wird trotzdem weitergemacht.

Wie lustig ist's im Winter,
einen Schneemann kann man baun,
hat Augen, Nas' und einen Mund,
ist lustig anzuschaun.
(es wird hinterher gejodelt)

Dri, dul, je, dri, dul, je,
dri, dul, je, dri, dul, je.

Winterlied

Weihnachtsstimmung

Advent ist es, Tal und Hügel sind tief verschneit,
Weihnachtslieder klingen, es naht die Weihnachtszeit.
Und in kalter, sternenklarer Nacht,
glitzert wie Kristall das Eis in Märchenpracht.
Die Sterne strahlen hell am Himmelszelt,
wie verzaubert ist jetzt die ganze Welt.

Die erste Kerze brennt im grünen Tannenkranz,
sie leuchtet hell, mit herrlichem Glanz,
in der Stube riecht's nach Pfefferkuchen,
wart ihr brav, dürft ihr davon versuchen.
Äpfel braten und Nüsse aufknacken,
Mutter backt Plätzchen, hat rote Backen.

Schneeflocken wirbeln, es friert und ist kalt,
Knecht Ruprecht stapft durch den Winterwald,
besucht die braven Mädchen und Buben,
die ihn erwarten, in warmen Stuben.
Das Stimmchen zitternd, mit blassem Gesicht,
sprechen die Kleinen ihr Weihnachtsgedicht.

Emsig rühren sich nun viele fleißige Hände,
Gesang, Flötenmusik, klingt durch Tür und Wände,
Vater bemalt eifrig Suses Puppenhaus,
es sägen und schnitzen Peter und Klaus.
Kathrinchen fädelt Perlen auf für eine Kette,
es wird sich dann freuen die Schwester Annette.

Jetzt beginnt das große Beglücken und Schenken,
jeder möchte den anderen doch lieb bedenken.
Da gibt es ein Suchen, Hetzen, Laufen,
bleibt kaum Zeit zur Ruhe, zum Verschnaufen.

Wenn im Schein der Christbaumkerzen
vor Freude dann das Herze lacht,
Glocken »Frieden auf Erden« verkünden,
klingt's wie Engelschöre: »Stille Nacht, heilige
Nacht.«

Schöne Weihnachtszeit

Die allerschönste Zeit im Jahr ist die Weihnachtszeit,
Schneeflocken fallen, verschneit ist alles weit und
breit.
Kinder singen frohe, alte Weihnachtslieder:
»O Tannenbaum« und »Alle Jahre wieder«.
Vier Kerzen brennen im grünen Tannenkranz,
strahlen hell, mit heimlichem Glanz.
Nikolaus hat viel zu tun, es bleibt kaum Zeit ihm zu
ruhn.
Er bringt den Kindern Äpfel, Nüsse, Tüte,
den Unartigen droht er mit seiner Rute.
Vom Himmel fliegt ein Weihnachtsengelein,
holt der Kinder Wunschzettel für's liebe Christkind-
lein.
An die Fensterscheiben drückt sich manch Kinderge-
sicht,
blickt neugierig hinaus, ob es das Christkind erwischt.
Mutter wird in der Küche den Teig ausrollen,
er soll gut schmecken, der Weihnachtsstollen.
Vater ist der große Familienberater,
hilft dem Sohn beim Zimmern vom Kasperltheater.
Viele Füße, Hände sich jetzt emsig rühren,
Bärbel will ein Flötenstückchen vorführen.

Die Straßen sind festlich geschmückt,
haben groß und klein erfreut, entzückt.
Beim großen Weihnachtsmarkt herrscht Rummel.
Wer macht da nicht gern einen Bummel?
Es duftet nach Bratwurst, Waffeln, Zimtkuchen,
ist der Geldbeutel voll, kann man versuchen.
Alles ist verzaubert, strahlt in hellem Licht,
die Menschen machen ein geheimnisvolles Gesicht.
Es ist soweit, es leuchten die Kerzen am Tannen-
baum,
Kinder strahlen, es erfüllt sich manch ersehnter
Traum.
Hetzt und Sorgen sind jetzt vergessen,
Friede soll das Fest euch bringen,
dann singen wir mit frohem Herzen:
»Süßer die Glocken nie klingen.«

Schöne Weihnacht

Wunschzettel an das Christkind

Liebes Christkind, ich wünsche mir
lauter schöne Dinge hier.
Die Grenzen sollen geöffnet bleiben,
Angst, Sorgen der Menschen muß man vertreiben,
jeder soll seiner Arbeit nachgehn,
fest mit den Beinen auf der Erde stehn.
Schütze unser Volk und Vaterland,
gib den Politikern eine sichre Hand.
Lieb' Christkind, hörst du mein Klagen?
Wälder und Seen, wie sieht es da aus!
Bäume und Pflanzen absterben,
bin traurig, es ist schon ein Graus!
Verbrechen, Haß, Kriege täglich geschehn,
bitte, laß unsere Welt nicht untergehn,
laß alle Kinder auf Erden
nur Kinder der Liebe werden.
Ich will meinen Beruf niemals bereu'n,
Kinder gern weiter lieb betreun.
Ich wünsch' mir Arbeit, Erfolg und Geld,
möcht' noch lange leben auf dieser Welt.

Advent

Nun brennt die erste Kerze in unsrem grünen Tannenkranz,
sie leuchtet hell dem Himmelskind, ist umgeben von Glanz.

Es strahlt und glitzert, die Straßen sind geschmückt,
und all die Kinderherzen sind vom Zauber so entzückt.

Die Mutter backt Plätzchen, Vater macht ein Puppenhaus,
das Schwesterchen spielt Flöte, es malt Bruder Klaus.

Alle sind sehr vergnügt, das Licht wärmt unser Herz,
vertreibt manch Kummer, Sorgen, auch den großen Schmerz.

Lieb' Christkind, sei willkommen, du liegst arm auf Heu und Stroh,
schenk unsrer Erde Frieden, mach die Menschen froh.

Und brennen alle Kerzen, die Weihnacht naht leise und sacht,
singen tausend Engelchöre: »Stille Nacht, heilige Nacht«.

Bärbeles wundersamer Traum

Bärbele kniete im Nachthemdchen vor ihrer Puppenwiege und sang ihrem Puppenkind ein Schlaflied. Sie hörte Mamas Stimme und schaute zur Zimmertür.

»Bärbele, wo bist du denn?« Die Mama kam ins Kinderzimmer und lächelte ihr kleines Töchterchen zärtlich an. »Ah, du hast dein Püppchen ins Bettchen gebracht! Auch Puppenkinder müssen viel schlafen. Na, dann kann unsere kleine Puppenmutti auch zu Bett gehn. Hast du dich auch gewaschen und die Zähne geputzt, Bärbele? Vielleicht schaut auch das Christkind zum Fenster herein.«

Das blonde Lockenköpfchen legte sich ins warme Bett. Bärbele schlang die Arme um die Mutter. »Mutti, ich freue mich so sehr auf Weihnachten, wenn das Christkind kommt! Mutti, ob mir das Christkind eine neue Puppe bringt?« Die Kleine blickte mit ihren blauen Kulleraugen auf die Mutter, die auf dem Bettrand saß und sie streichelte.

»Ich weiß das nicht so genau, mein Bärbele! Aber du warst ja immer recht lieb. Sicher wird das Christkind dir etwas Schönes bringen. Vielleicht hast du heute Nacht einen sehr guten Traum. Jetzt wollen wir zusammen beten, mein Liebling, damit die Englein dich beschützen.«

Bärbele faltete die Hände und sprach mit Mama ihr Nachtgebet: »Müde bin ich, geh' zur Ruh', schließe meine Augen zu ...« Bärbele schmiegte sich in Mamas Arme. »Das dauert noch lange, bis das Christkind kommt! Mama, bitte erzähle mir ein Märchen!«

»Bärbele, ich habe noch so viel Arbeit. Du sollst jetzt schlafen, sonst ist dein Sternlein traurig und verlöscht.« Die Mutter küßte Bärbele zärtlich. Sie summte ein Weihnachtslied. »Schlaf gut, Bärbele.

Träum etwas ganz Schönes!« Die Mutter löschte die kleine Lampe aus und verließ das Zimmer.

Bärbele erwachte von einem Geräusch. Sie blickte erstaunt auf die kleine, zierliche Gestalt im weißen Kleidchen, die in ihrem Zimmer umhertanzte. »Was machst du denn da? Wer bist du denn? Wie kommst du in mein Zimmer?«

»Hast du mich jetzt aber erschreckt! Was ich hier mache? Ich tanze, damit du aufwachst und mich hier herausläßt. Ich bin Suseli, eine Schneeflocke. Als ich mit meinen Schwestern vom Himmel flog, wirbelte mich der Wind in dein geöffnetes Fenster. Aber wer bist du?«

»Ich heiße Bärbele. Aber Suseli, warum kannst du sprechen? Das ist vielleicht lustig.«

»Bärbele, in der Nacht vor dem heiligen Abend können die Tiere und wir Schneeflocken sprechen. Aber nur brave und fromme Kinder können die Sprache verstehen. Ich wohne im Winterwunderland. Meine Mutter ist die Frau Holle. Zur Winterzeit dürfen wir auf die Erde fliegen und tanzen. Das ist schön!«

Bärbele sprang aus ihrem Bettchen. Sie klatschte erfreut in die Hände. »Au fein! Tanzen, das kann ich auch.« Bärbele sang ein Lied und tanzte im Zimmer herum.

»Das war ja sehr schön, Bärbele, aber wir Schneeflocken tanzen viel schöner und zierlicher.« Suseli begann zu tanzen.

Bärbele umarmte die Schneeflocke. »Das war schön! Puh, bist du aber kalt!« Bärbele schüttelte sich.

»Ich muß doch auch kalt sein. Schließlich bin ich ja eine Schneeflocke. Bitte Bärbele, laß mich hier schnell raus. Mir wird schwindlig, weil es zu warm ist. Sonst zerfließe ich, Bärbele. Ich will fort hier!«

Das kleine Mädchen schaute Suseli ganz entsetzt

an. »Nein!« Du darfst nicht wieder fort. Es ist doch so schön mit dir.« Bärbele überlegte. »Ich weiß etwas, Suseli! Du nimmst mich mit zu Frau Holle und deinen Schwestern ins Winterwunderland.«

»Das geht doch nicht, Bärbele! Du würdest erfrieren.«

»Bitte, bitte, liebe Suseli, nimm mich doch mit!«

»Also gut, Bärbele, du darfst mitkommen. Aber dann muß ich dir erst den Schneeflockenkuß geben. Durch den Kuß wirst du zu Schnee.« Sie küßte Bärbele.

»Hurra! Mir wird schon ganz kalt. Jetzt bin ich auch eine Schneeflocke«, rief Bärbele, klatschte in die Hände und schlüpfte in die Hausschuhe. Mit Suseli an der Hand flog sie durch das Fenster und wirbelte durch die Luft, dem Winterwunderland entgegen.

Die Schneeflockenkinder saßen um Frau Holle herum und nähten an ihren weißen Röckchen. »Seht doch nur, wer da kommt!« riefen sie überrascht. »Suseli!« Sie umarmten ihre Schwester. »Wo kommst du denn her? Wen hast du denn da mitgebracht? Das ist ja ein Menschenkind.« Sie begrüßten Bärbele.

Frau Holle stand von ihrem großen Wolkenstuhl auf und drückte Bärbele an sich. »Du bist ein liebes kleines Mädchen. Warum liegst du dann nicht in deinem Bettchen und schläfst? Etwas vorwurfsvoll schaute sie auf Suseli. Wie heißt du denn, mein Kind?

»Ich heiße Bärbele«, antwortete das kleine Mädchen. »Du bist die liebe Frau Holle, die immer so fleißig ihre Betten schüttelt, damit es auf der Erde schneit und wir dann mit unserem Schlitten fahren können. Deine Schneeflockenkinder sehen so niedlich aus, Frau Holle. Suseli hat in meinem Kinderzimmer mit mir getanzt.« Bärbele klatschte in die Hände. »Das war so lustig!«

»Ihr Schneeflockenkinder und du, Suseli, geht mit eurem Erdengast in unseren schönen Winterwald, da könnt ihr tanzen und lustig sein.«

»O ja, wir wollen mit Bärbele tanzen!« riefen die Schneeflocken und wirbelten mit ihrem kleinen Gast davon. Im herrlichen Winterwald tanzten und hüpften sie mit Suseli umher. »Da klingt doch ein Glöckchen«, sagten die Schneeflocken.

»Ja, da klingt ein Glöckchen«, vernahm auch Bärbele das leise Geläute. Staunend blickte sie auf einen kleinen Wichtelmann, der mit einem Hasen und einem Schlitten daherkam.

»Das ist ja Zwerg Bummsti und Hoppserle!« riefen die Schneeflockenkinder. »Wir haben Besuch. Das ist Bärbele. Suseli hat sie mit zu uns gebracht.«

Zwerg Bummsti begrüßte das kleine Mädchen. »Ich will für Schneewittchen Holz aus dem Wald holen, damit wir ein warmes Stübchen haben. Der liebe Hase Hoppserle will mir dabei helfen, denn er ist sehr stark.« Bärbele gab dem Zwerglein die Hand und streichelte Hoppserles braunes Fell.

»Bärbele, setz dich auf den Schlitten, wir fahren dich«, sagte Zwerg Bummsti.

Das Mädchen saß nun auf dem Schlitten. Das Zwerglein zog ihn, und die Schneeflockenkinder liefen übermütig hinterher. Hase Hoppserle machte vor Freude Männchen, dann hoppelte er neben dem Schlitten her.

»Ist das lustig, Suseli!« rief Bärbele. Sie sang ein Lied vom Christkind und freute sich.

»Es wird ja plötzlich so finster!« wunderten sich jetzt die Schneeflocken. »Seht doch mal den großen Stern am Himmel! Er wird immer heller. Jetzt ist er zur Erde gefallen! Sicher ist jetzt das Christkind zur Erde gekommen.« Alle waren ganz aufgeregt und liefen davon.

Bärbele war nun ganz allein im großen dunklen Winterwald. Sie weinte und flehte bitterlich: »Nehmt mich doch mit! Suseli! Ihr Schneeflockenkinder! Zwerg Bummsti! Hoppserle! Laßt mich nicht allein im dunklen Wald! Ich fürchte mich so sehr!« Bärbele machte die Augen auf. Sie weinte und blickte verwirrt um sich. Ganz finster war es. Sie lag in ihrem Bettchen.

Die Mama kam ins Kinderzimmer. »Bärbele! Guten Morgen!« Ganz erstaunt schaute sie auf ihr Töchterchen. Sie setzte sich auf den Bettrand und nahm das Mädchen fest in die Arme. »Ja, mein Bärbele, du weinst ja! Was ist denn mit dir? Tut dir etwas weh, mein Liebling?« Die Mama küßte und streichelte die Kleine zärtlich.

»Ich bin so allein! Alle sind sie fort, das Sternlein suchen. Suseli und die Schneeflockenkinder und Zwerg Bummsti. Ich will doch auch das Sternlein suchen!« Das Kind weinte erneut.

»Aber Bärbele, ich bin doch bei dir, deine Mutti! Du hast nur geträumt, mein Schatz! Sicher war es ein schöner Traum.«

»Nein! Nein! Ich habe nicht geträumt, Mutti. Suseli, die Schneeflocke, ist doch zu mir ins Zimmer geflogen. Suseli hat mich mitgenommen zu Frau Holle ins Winterwunderland. Ach, Mutti, das war so schön! Aber jetzt sind alle fort.« Bärbele kämpfte schon wieder mit den Tränen und konnte es überhaupt nicht begreifen.

Die Mutter streichelte ihr Kind liebevoll. »Bärbele, du hast wirklich alles nur geträumt. Du bist bei mir. Bald kommt das Christkind. Sicher bringt es dir eine neue Puppe.«

Das kleine Mädchen schaute die Mutti treuherzig an. Ganz fest schlang sie die Arme um Mamas Hals. »Habe ich wirklich geträumt, Mutti? O Mutti, dann war es der allerschönste Traum! Aber wann kommt das Christkind?«

»Bärbele, schau mal auf diesen Kalender«, erklärt die Mutter. »Wenn diese Blätter alle abgerissen sind, dann ist der vierundzwanzigste Dezember. Heilig Abend. Weihnachten. Dann kommt das liebe Christkind.« Die Mutter hielt Bärbele im Arm und sie sangen ein Weihnachtslied: »Alle Jahre wieder kommt das Christuskind auf die Erde nieder, wo wir Menschen sind.«

Inhaltsverzeichnis

Abbildungsverzeichnis